A UN CLIC DE DISTANCIA

A UN CLIC DE DISTANCIA

Estrategias para abordar el tema
de la pornografía con niños
y adolescentes

Elena Laguarda Ruiz
María Fernanda Laguarda Ruiz
Regina Novelo Quintana

EDICIONES URANO
Argentina — Chile — Colombia — España
Estados Unidos — México — Uruguay — Venezuela

1ª edición: agosto, 2015.

DR © Asesoría educativa y prevención, sa de cv
© 2015 *by* Elena Laguarda Ruiz
© 2015 *by* María Fernanda Laguarda Ruiz
© 2015 *by* Regina Novelo Quintana
© 2015 *by* EDICIONES URANO, S.A.U. Aribau,142, pral.—08036, Barcelona
EDICIONES URANO MÉXICO, S.A. DE C.V.
Avenida de los Insurgentes Sur #1722, 3er piso, Col. Florida, C.P. 01030
Álvaro Obregón, México, D.F.

www.edicionesurano.com
www.edicionesuranomexico.com

ISBN: 978-607-748-000-6

Fotocomposición: Laura Novelo Q.
Revisión final y preprensa: Marco Bautista

Impreso por Metrocolor de México, S.A. de C.V.
Rafael Sesma Huerta 17, Parque Industrial FINSA,
El Marqués Querétaro, Qro. 76246

Impreso en México — *Printed in México*

Agradecimientos

La investigación que sustenta este libro, no hubiera sido posible sin las instituciones educativas y padres de familia que depositaron su confianza en nosotras y nos permitieron aplicar cuestionarios en la población escolar, aun a pesar de ser un tema delicado de abordar, a la hora de indagar. Mil gracias por eso.

Gracias también a Laura Novelo, Rodrigo y Alfredo Laguarda por leer una y otra vez el libro, por sus reflexiones, comentarios y preguntas que nos llevaron a dar lo mejor de nosotras en este escrito.

Igualmente importante, nuestro agradecimiento a Beatriz Tovar y Elizabeth Bonilla por todas las reflexiones que compartieron alrededor del tema, por la búsqueda de información que realizaron; sin ustedes hoy no existiría este libro.

Índice

꿍

El por qué de este libro

Desde hace más de 10 años, cuando comenzamos a impartir talleres de sexualidad a niños y adolescentes, hemos ido notando, conforme pasa el tiempo, un cambio en la visión de los niños respecto a la sexualidad. Las necesidades e inquietudes de los estudiantes van transformándose. Mucho se debe a la información a la que hoy tienen acceso en los medios de comunicación y más recientemente en Internet. Sin embargo, nada nos había preparado para la impresión que vivimos una mañana con un grupo de niños y niñas de 11 años de edad. Era la primera vez que trabajábamos con ellos. Apenas estábamos presentándonos y explicando que íbamos a darles un taller de sexualidad cuando inició el bombardeo de preguntas incómodas: ¿Cómo se excitan las mujeres? ¿Qué es el aro vibrador? ¿Qué juguetes sexuales existen? ¿Qué es el *blow job*? ¿Eres virgen?

¿Tuviste relaciones antes de casarte? ¿Cuál es tu posición favorita? ¿Te gusta el sexo oral?

Si bien alguna vez nos habían realizado preguntas similares, éstas habían salido de la boca de estudiantes de preparatoria. Ahora lo hacían niños que nos hicieron saber, con sus palabras, que la pornografía ya estaba presente en sus vidas.

A partir de entonces este tipo de preguntas fueron cada vez más frecuentes. Entrábamos a salones donde las niñas se quejaban de que sus compañeros todo lo "mal pensaban" y utilizaban un lenguaje vulgar y soez: "Maestra, ya me cansé de que mi compañero todo el tiempo me diga 'te la quiero meter'". Tuvimos que empezar a abordar el tema de pornografía cada vez a más temprana edad, generando mensajes de prevención e intervención con niños y padres de familia. Para nuestra sorpresa, una de las últimas intervenciones que tuvimos fue con niñas de 8 años de edad que al saber que el tema que íbamos a tratar era sexualidad, comenzaron a inquietarse. Cuando iniciamos los talleres platicándoles sobre los bebés y el embarazo comenzaron a taparse los ojos y oídos como si fuéramos a enseñarles algo inadecuado, sucio. Tenían una fuerte aversión a cualquier referencia sobre el tema. Posteriormente, cuando lograron verbalizar sus miedos pudimos ayudarlas: ¿Por qué los hombres meten el pene en la vagina? ¿Cómo es que cabe un pene tan grandote en un hoyito tan chiquito? Lo lamentable de este caso es lo que significaban sus palabras: estas pequeñas habían estado en contacto de manera constante con pornografía dura, que no sólo les había mostrado una visión de la sexualidad lejos de la realidad de su edad, sino también las había hecho ser testigos de un abuso sexual infantil, a través de la pantalla de una computadora.

No hay duda de que la tecnología y la gran industria pornográfica, que genera mecanismos para que se vean este tipo de materiales cada vez a más temprana edad, nos están ganando la partida. Este libro es un esfuerzo por cerrar filas y abrir los ojos a un tema que impacta la vida de los niños. Es un esfuerzo para brindar herramientas a padres y madres de familia para lograr que la aproximación de sus hijos a la sexualidad se viva de manera natural, libre de coerción y violencia. Finalmente, la responsabilidad de que así sea recae sobre nosotros.

¿Qué es la pornografía?

୭ଚ

*La historia de la pornografía es un registro
fidedigno de las actitudes que tiene la
sociedad ante la sexualidad, el cuerpo
humano, las diferentes prácticas eróticas
y sus representaciones[1]*

El término de pornografía tiene su origen
en dos palabras griegas: *pórn*, (prostituta) y
gráphein, (grabar, escribir e ilustrar) al que se
le agrega el sufijo *ía* (estado de, propiedad de,
lugar de). Con base en esto, su significado "ori-
ginal" podría ser: "descripción o ilustración de
las prostitutas o de la prostitución". Ha estado
presente a lo largo de la historia desde tiempos
inmemorables en escritos, códices, pinturas,
que buscaban transgredir tabúes y provocar
al espectador.

Sin embargo, pornografía es un término
de aparición más reciente. Fue utilizado por
primera vez en 1769 por el novelista francés
Nicolas Edme Restif y hasta 1819 comienza
a ser utilizado cotidianamente. En 1899 el

---

[1] Naief Yehya, *Pornografía. Obsesión sexual y tecnológi-
ca*, México, Tusquets Editores, 2012, p. 62.

término fue incorporado en el diccionario de la Real Academia Española de la Lengua.

Existen múltiples definiciones de pornografía, todas escritas desde una ideología que o bien la enaltece o la sataniza, sin poder dejar de lado la inevitable discusión sobre si debe o no ser tolerada. Hoy, en concreto, podríamos definirla como todos aquellos materiales escritos, imágenes o reproducciones que representan desnudos o actos sexuales con el fin de provocar la excitación sexual en quien la ve. Sin embargo, en un análisis más profundo coincidimos con lo que dice de ella Peter Wagner, uno de los primeros historiadores de la pornografía, quien sostiene que es la presentación escrita o visual en una forma realista de cualquier comportamiento sexual o genital con la deliberada intención de violar los tabúes sociales y morales existentes y ampliamente aceptados.[2]

Desde su origen más antiguo la función de la pornografía ha sido romper con los convencionalismos sociales, siempre ha sido un espacio de disidencia del orden establecido. Así como se comenzaron a distribuir Biblias y textos religiosos en 1450 con el nacimiento de la imprenta, también inició la circulación de textos, grabados y libros con contenido sexual. A partir de la década de 1800 con la invención de la

---

[2] Naief Yehya, *Pornografía. Obsesión...*, pag. 17.

fotografía y posteriormente el cinematógrafo, es cuando más número de espectadores tuvo acceso a imágenes provocadoras de deseo. La pornografía representaba un acercamiento radical y trasgresor al cuerpo y a la sexualidad que echaba mano de los progresos de la ciencia y la tecnología. Cuestionaba las reglas morales y los dogmas religiosos de su época, desmitificando el cuerpo y las relaciones sexuales, reconociendo la existencia del deseo femenino y masculino. La pornografía fue un estandarte del libre pensador o revolucionario. Paradójicamente, a lo largo de la historia, también ha representado los modelos establecidos de la conducta sexual y los roles de género anteponiendo a la mujer como sumisa y pasiva y al hombre como dominante y agresivo; incluso mucha de ella refleja la explotación de la mujer sin ni siquiera cuestionarla, porque en los dominios sociales tampoco es puesta en tela de juicio.

A lo largo de la historia muchos personajes políticos y religiosos se han postulado como defensores de la moral pública y en contra de la pornografía a la que le han adjudicado todos los males sociales habidos y por haber, volviéndola legal o ilegal de acuerdo con la ideología en el poder. Así, en alguna época era ilegal, por ejemplo, que hombres negros pudieran observar pornografía en la que salieran mujeres blancas o se prohibía la pornografía que permitiera que las mujeres enseñaran los pezones.

Hoy en día, la visión de lo que es permitido o no mostrar en la pornografía varía de país en país. Por ejemplo, en Cuba, Islandia, Norte de África y Asia la pornografía, de cualquier tipo, es ilegal. Hay países de Europa y América, como México, en donde se considera legal, excepto aquella que se basa en actos violentos y sin consentimiento; la que está relacionada con trata de personas y la que involucra a menores de edad. Esta última está prohibida en todo el mundo. Pero pareciera que la pornografía se alimenta de la prohibición y el tabú, pues es ahí en donde ancla su ímpetu de romper el límite. Allá en donde haya una prohibición, la pornografía hará lo necesario para romperla y seguir con un cuestionamiento vertiginoso de la moral buscando la puesta en escena de las fantasías más íntimas.

Los defensores de la "moral" creen que los deseos perversos que llevan a violencia y violaciones pueden ser erradicados si se aniquila la fuente que los origina: la pornografía, a la que consideran como legitimadora de la violencia contra la mujer y como un crimen en sí misma pues es incitadora de delitos. Como contraparte, existen también los defensores de la libertad de expresión que sostienen que, el tratar de evitar la existencia de la pornografía, habla de una sociedad represora incapaz de ser tolerante a las diferencias. Hay también estudios que se centran en tratar de encontrar los impactos reales que tiene la pornografía en la vivencia de los adultos sin encontrar resultados contundentes, pero empleando a la pornografía como un reflejo de la visión sexual de la sociedad actual, más que como causante de una desgracia posmoderna.

A principios de los 80, con el avance de la tecnología y cada vez con mayor alcance económico de los consumidores, la pornografía sufre una transformación. Deja de ser propiedad de las empresas productoras y comienza a pertenecer a todos los individuos con la posibilidad de realizarla por ser de fácil producción, reproducción y distribución.

A finales de los 80 con el invento del Internet y su popularización a finales de los 90, se genera un cambio aún más vertiginoso en la forma de producir, vender y distribuir la pornografía. Ya no es una gran empresa, reflejo de la sociedad, la que tiene el poder de la censura, sino que el espectador puede tomar ahora el rol de productor y distribuidor de la misma, según sus propios deseos e ideologías. La censura por la hegemonía en el poder se diluye en la fantasía o perversión de cada individuo. Cualquiera puede ahora, como dice Naief:

"Mostrar al mundo a través de una cámara lo que se hace en privado, exponer el propio placer. Estableciendo la abolición

de la frontera entre el espacio privado transformándolo en el escenario para la representación sexual".[3]

Lo anterior genera un cambio de visión frente a la pornografía. Lo público se traslapa con lo privado, el pudor se esfuma y surgen otros tipos de categorías pornográficas más allá de la imagen de modelos lejanos e irreales, de actores que posan frente a una cámara pero que jamás serán alcanzados en la realidad. El espectador es ahora actor y director de su propia fantasía. Surge y cobra fuerza la pornografía *amateur* que es:

"un territorio pornográfico donde las normas de lo mostrable no se respetan, donde a veces puede verse la experimentación honesta de los protagonistas y no las colecciones de clichés en que se sostiene la pornografía comercial. Así, la pornografía Amateur encontró en Internet su espacio natural, un gigantesco lienzo donde la gente común podía expresar sus confesiones corporales y documentar sus fantasías eróticas para compartirlas con miles o

---

[3] Naief Yehya, *Pornografía. Obsesión...*, p. 242.

millones de cibernautas desconocidos
en prácticamente cualquier rincón del
planeta".[4]

La red, diversa y con contenidos importantes
de todo tipo, también es hoy una fuente inago-
table de pornografía en donde el espectador
puede pasar horas interactuando con una in-
finita variedad de contenidos sexuales de los
cuales incluso se puede volver adicto.

"No hay duda de que la proliferación de
la pornografía y su facilidad de acceso ha
transformado las fantasías de millones
de personas en el mundo, en algunos
casos abriendo sus horizontes y en
otros esclavizándolos a la obsesión de
materializar sus fantasías".[5]

No hay fin, siempre puede venir una imagen
después de otra para continuar con algo que
provoque más el deseo dormido por lo ya visto.
Para muchos, hoy la pornografía invade todo

---

[4] Naief Yehya, *Pornografía. Obsesión...*, pp. 244-245.
[5] Naief Yehya, *Pornografía. Obsesión...*, p. 245.

su mundo, pensamientos, obsesiones y estorba incluso a la hora de relacionarse con otros.

La pornografía es también un gran negocio que genera ingresos millonarios en la red. Según *Online MBA Programs*,[6] el valor anual de la industria pornográfica internacional alcanza 5 mil millones de dólares. El 12% de los sitios de Internet, es decir 24.6 millones, manejan contenido pornográfico. Cada segundo se gastan 3 mil dólares en pornografía y la observan 28,000 usuarios, de los cuales 1 de cada 3 son mujeres. Se calcula que el 70% de los hombres de entre 18 y 24 años de edad visitan sitios pornográficos. Al día se envían 2,500 millones de correos electrónicos con contenido pornográfico. El 25% de todas las búsquedas que se realizan están relacionadas con la pornografía. El 34% de los usuarios de la red han sido dirigidos a sitios pornográficos que no han solicitado visitar.

Se sabe que en promedio los niños y niñas del mundo comienzan a ver pornografía a los 11 años de edad.[7] De acuerdo con la investigación de *Media Family Safe*,[8] el mayor grupo de

---

[6] Compiladora estadounidense de datos de investigación y publicaciones fiables de diferentes universidades internacionales en la red. 2014.

[7] *Online MBA Programs* 2014.

[8] Página web que provee dispositivos para regular páginas sobre violencia y pornografía y que brinda información sobre estos temas.

espectadores de pornografía en Internet, en el mundo, son adolescentes entre los 12 a 17 años. En México, hay poca investigación sobre el impacto de la pornografía y es casi nula en lo que se refiere a la vivencia de los niños y adolescentes en relación con ella. Es por esto que en Asesoría Educativa y Prevención nos dimos a la tarea de analizar cómo era dicha relación y hoy sabemos —con base en una muestra de 730 alumnos de diversas instituciones educativas privadas de la Ciudad de México—, que el 64% de niños y el 52% de niñas de 9 a 13 años ha entrado en contacto con la pornografía. De los niños y niñas que lo han hecho, más del 90% lo hicieron de manera accidental la primera vez. Esto reafirma el hecho de que la posibilidad de contar con nuevas tecnologías, desde edades tempranas, puede poner en riesgo a los niños al tener acceso, aun sin buscarlo, a contenido no apto para su edad. De hecho, alrededor del 70% de los niños de la muestra tuvo su primer contacto a través de Internet; el 17% a través de una revista y 10% a través de televisión de paga. La mayoría de los niños de la investigación (el 60% de los hombres y 43% de las mujeres) entró en contacto por primera vez con la pornografía a los 9 ó 10 años de edad; más temprano que los estándares internacionales. Sin embargo, un 15% lo hizo entre los 7 y 8 años. Existe un 6% de niños y 3% de niñas que inició antes de los 6 años de edad. Aunado a esto, encontramos que hay casi un 10% de los niños de la muestra que dicen ver pornografía diariamente.

En cuanto a los adolescentes de 13 a 18 años de edad la muestra fue de 1000 estudiantes. La encuesta arrojó que en secundaria, de los adolescentes de 13 a 15 años de edad, el 86% de los hombres y el 60% de las mujeres, ha entrado en contacto con pornografía. En el caso de preparatoria (de 16 a 18 años), el 98% de los hombres y el 74% de las mujeres lo ha hecho.

Más allá de la estadística, es importante reflexionar sobre el impacto que tiene el discurso de la pornografía en los niños y jóvenes en las formas de entender la propia sexualidad. En los resultados que arrojó el estudio nos llamó la atención que casi un 20% de niños y un 30% de adolescentes tienen la creencia que la pornografía les enseña sobre sexualidad. Los estudiantes consideran que lo que enseña la pornografía es tan real como la vida misma y no una actuación con un discurso propio.

Si bien hay que considerar que la mayoría de la pornografía es legal e intervienen en ella personas mayores de edad que dan su consentimiento para ello, no debemos dejar de lado que ciertos tipos de pornografía tienen una red de conspiración y delito entretejida con grandes empresas y gobiernos. Según el último informe del Fondo de las Naciones Unidas para la Infancia (UNICEF) sostiene que, aproximadamente 2 millones de niños y niñas son utilizados en la industria del sexo anualmente, por lo que de las más de un millón de imágenes que circulan en Internet entre 10 mil y 20 mil son de víctimas de abuso sexual. Según la Organización Internacional de Trabajo (OTI), las mujeres y niñas representan el 98% de las víctimas de trata de personas con fines sexuales en el mundo. La Organización de las Naciones Unidas (ONU), sostiene que la trata de personas puede ser denominada como la nueva esclavitud del siglo XXI ya que al menos 27 millones de personas en todo el mundo han sido víctimas de explotación laboral, sexual o comercial en los últimos 25 años. El Departamento de Estado de Estados Unidos sostiene que 2 a 4 millones son captados cada año, de los cuales de 400,000 a 900,000 son trasladados a través de fronteras. El 50% de las víctimas son menores de edad y, según el último Reporte Global de la Secretaría de Seguridad Pública Federal en México, en su Diagnóstico de condición de vulnerabilidad, cada vez es menor la edad de las víctimas, encontrando hoy casos de niños de 0 a 4 años de edad. Según el diagnóstico sobre la situación de trata de personas en México realizado por la CNDH a inicios del 2014, México es un país de origen, tránsito y destino de víctimas de trata con propósitos de explotación laboral y sexual. Sostiene que es un delito creciente y que cada año 70 mil personas son víctimas de explotación sexual, de los cuales 50 mil son explotados en la frontera y 20 mil en el resto del país. Muchos de ellos son usados en actos de pornografía. UNICEF sostiene que en nuestro país más de 16 mil niños, niñas y adolescentes se encuentran sometidos a la esclavitud sexual. En 21 de las 32 entidades del país existe turismo sexual. Cifras con las que coincide el Instituto Nacional de Estadística y Geografía (INEGI), y el Fondo Internacional para la Infancia. Aunado a esto, el informe de Trafficking in Women and Children: The U.S. and International Response, considera que los principales traficantes de personas se encuentran en bandas mexicanas y centroamericanas junto con bandas chinas y de otros países de Asia en general, así como bandas rusas y de países de la antigua Unión Soviética. México es considerado como el principal proveedor de víctimas de trata en EU desde 2008 a la fecha. También somos un país destino de más de 26 naciones. La Coalición Nacional contra la trata de mujeres en México, sostiene que nuestro país se ubica en el primer lugar de pornografía infantil y trata de personas del mundo. Según el diagnóstico sobre la situación de la Trata de Personas en México realizada por la CNDH, esta es el tercer negocio ilícito más lucrativo del mundo, superado sólo por tráfico de drogas y de armas. Genera ganancias cada año por 32,000 a 36,000 millones de dólares. Tristemente, como lo sostiene el último informe de actividades de la Secretaría de Seguridad Pública cada mes más de 100 niños y niñas caen en manos de redes de explotación sexual. Sostiene también que el 50% de los delitos que ocurren en la red, están relacionados con pornografía y explotación sexual infantil, mientras sus padres consideraban que estaban seguros en el interior de sus hogares.

En nuestro país, como en otros más, la impunidad y corrupción impera en este asunto. Según el diagnóstico de condiciones de vulnerabilidad de la CNDH y el Centro de Estudios e Investigación en Desarrollo y Asistencia Social (CEIDAS) en México "la corrupción de algunos servidores públicos facilita el desarrollo de la explotación e imposibilita la adecuada persecución de los delincuentes...en ocasiones se ha denunciado la complicidad de autoridades federativas, particularmente presidentes municipales, regidores, diputados locales y policía municipal"[1].

Según el INEGI "únicamente el 12.8%de los delitos se denuncian. De cada 100 de éstos delitos denunciados sólo se inicia averiguación previa de 8.5. De las averiguaciones previas, en el 61.8% de los casos no pasa nada o no se resuelve la situación"[2].

---

[1] Diagnóstico sobre la situación de la Trata de Personas en México realizado por la Comisión Nacional de Derechos Humanos 2014. P. 20.
[2] Idem, P. 49.

La asociación Mexicana de Internet está preocupada por la disponibilidad cada vez mayor de pornografía infantil en Internet. En palabras de Nelly Montealegre, quien fue fiscal especial para los Delitos de violencia contra las mujeres y trata de personas de la Procuraduría General de la República (PGR), existen al menos 12,300 cuentas personales de Internet desde las cuales se difunde pornografía infantil, ya sea a través de fotografías o videos, colocando a México en el primer lugar mundial en la emisión de este tipo de material ilegal. En un país cuya educación, para muchos, está en crisis, la apuesta hoy está en la enseñanza y la prevención; en asumir la responsabilidad que los adultos tenemos de mandar mensajes claros sobre el tema, que les permita a niños y adolescentes evitar riesgos. El objetivo es cuidar la relación que nuestros hijos tienen con la red.

La pornografía siempre ha acompañado y reflejado relaciones de poder, así como también las ha transgredido. Esto se ha modificado a lo largo del tiempo y también ha cambiado la forma de ver la sexualidad. Hay que destacar que se trata de un espectáculo para adultos, en donde el adulto pueden elegir desde una *Play Boy*, un video sadomasoquista, hasta ser productor de su propia fantasía para regalarla al mundo. La pornografía es también un gran negocio que refleja los deseos, fantasías y perversiones de un mundo adulto, diverso, con distintas ideologías y discursos. La pregunta sería: ¿Qué hace ese mundo sexual adulto invadiendo la vida y visión de los niños?

Ayer y hoy,
una pornografía diferente

◆

Al hablar de pornografía cada quien imagina algo diferente con base en su propia experiencia. Nos pasa con frecuencia cuando impartimos conferencias que algunos padres de familia no encuentran nada malo en que sus hijos estén observándola. Conversando con ellos, nos damos cuenta de que esto ocurre generalmente porque tienen en la mente la revista *Play Boy*, que tal vez ellos alguna vez vieron de adolescentes, y no necesariamente piensan en la pornografía dura que hoy existe. Es por esto que resulta crucial hablar de las diversas formas en que se puede clasificar la pornografía.

Si nos basamos en el medio que la difunde, podemos considerar la siguiente clasificación:

El primer tipo de pornografía es el de las revistas para adultos. Están dirigidas principalmente, pero no de forma exclusiva, a un público masculino adulto. Son distribuidas legalmente pues en su mayoría sólo muestran cuerpos desnudos en posiciones eróticas. Las venden en todos lados. Es por esto que la mayoría de nosotros podemos haber pasado por la experiencia de caminar por la calle con un menor de edad que se haya quedado mirando fijamente algunas de estas revistas en un puesto de periódicos. Sin embargo, dentro de este tipo de pornografía también existen revistas que contienen sexo más explícito y que los adultos pueden adquirir en lugares ya más especializados.

Si tienes más de treinta años seguramente sabes que este tipo de pornografía, como la que ofrece el *Play Boy*, era de fácil acceso. Bastaba una ausencia breve de los padres para correr al puesto de revistas o hacer un intercambio, entre los amigos, de "Miss Junio" por "Miss Mayo" y esconderla debajo de la cama para estar en el mundo de la pornografía. Los adolescentes que observan únicamente este tipo de revistas están, en realidad, protegidos ya que los invita a imaginar y a sólo fantasear con ella; así, llegan hasta dónde su desarrollo psicosexual se los permite, sin ser invadidos por imágenes que no están listos para entender.

El segundo tipo de pornografía es el que se presenta en las películas. Éstas se alquilan o venden en *sex shops* y se han convertido en una industria en crecimiento para la pornografía. Si bien hay personas que jamás entrarían a un cine o a una cabina de una *sex shop* para ver una película pornográfica, pueden conseguirlas a través de librerías, puestos de periódicos o por correo para verlas en la intimidad de sus hogares. En general, exhiben un alto grado de pornografía dura y, sólo en algunos casos, actos ilegales. Cabe mencionar también que ahora con la nueva tecnología al alcance de muchos, sólo se necesita una dosis de aventura y un poco de lujuria para ser el protagonista de tu propio video erótico.

El tercer tipo de pornografía es el contenido en las películas y series eróticas que se producen para televisión de paga. Éstas nunca aparecerán en televisión abierta. Sin embargo, en la televisión abierta ahora es posible encontrar material que antes hubiera podido considerarse como pornografía. Las normas se han ido flexibilizando. Ciertamente, la exposición del cuerpo ha cambiado; lo que antes, en la época de las bisabuelas, se usaba como traje de baño podría hoy ser el patrón de un vestido para ir de fiesta. Es decir, la desnudez se ha normalizado en la vida cotidiana. Simplemente observemos algunos de los espectaculares que se encuentran en las calles anunciando ropa interior, o echemos una mirada a las telenovelas de media tarde donde antes sólo se veía un beso como expresión erótica y ahora puede llegarse a una relación sexual, aunque no de manera explícita.

El cuarto tipo de pornografía es la "ciberpornografía". Imágenes y películas de pornografía dura, chats en línea, y aún actos sexuales en vivo pueden ser bajados y vistos por prácticamente cualquier persona a través de Internet. Se pueden encontrar imágenes sexualmente explícitas en páginas web que son de fácil acceso para personas de cualquier edad. Si bien, en algunas aparece un letrero que pregunta si eres mayor de edad para acceder, es sencillo para un niño responder que sí. Lo que sólo estaba disponible para una pequeña cantidad de personas, ahora puede ser visto en cualquier momento en la intimidad del propio hogar, incluso por menores de edad.

Existen diferentes tipos de ciberponografía

Páginas web. En su mayoría tienen imágenes de actos sexuales explícitos —entre individuos del mismo o de diferentes sexo—, como: sexo oral, sexo anal o sexo grupal. Y algunas de estas páginas pueden ser clandestinas y mostrar material ilegal como sexo con niños, sexo con animales, necrofilia (relaciones sexuales con cadáveres), violaciones y otros actos de violencia. El problema es que estas páginas se encuentran a un clic de distancia de la pornografía legal y, si bien existen en menor cantidad que las que sí son legales, se puede correr el riesgo de que aparezca una en lugar de la otra.

Porno llamadas. Que hoy no sólo son por teléfono, sino también a través de la red. Son conversaciones en las que se guía al usuario a tener conductas sexuales.

Foros o chats. Son grupos de personas que se conectan entre ellas para difundir e intercambiar mensajes, fotos y videos pornográficos, muchos de ellos en tiempo real. En estos foros pueden participar personas comunes o dedicadas al sexo servicio.

Revisando todo lo anterior, vemos como el problema real es que ahora los niños y adolescentes pueden ver pornografía sin estar listos cognitivamente para entender y asimilar las escenas que ven, aunado a que se pueden poner en riesgo al entrar en contacto con un desconocido.

En la investigación que realizamos nos dimos a la tarea de hacer un vaciado de la pornografía que niños y adolescentes reportaban ver y la clasificamos en algunas de las categorías existentes pero a otras les dimos nombre para poder analizar las implicaciones que tiene el que la observen menores de edad. Lo que encontramos dio lugar a cinco clases distintas:

Pornografía *softcore*, suave o convencional. En este género las escenas de sexo no se muestran de manera explícita. Es decir, los modelos enseñan la totalidad del cuerpo en posturas provocativas, pero no se muestran a detalle penetraciones de ningún tipo.

Pornografía *hardcore* o explícita. Como su nombre lo dice, muestra genitales y explícitamente el acto sexual ya sea vaginal, anal u oral. Incluye relaciones entre dos o más personas, ya sean heterosexuales, homosexuales o bisexuales, y puede incluir el uso de juguetes sexuales.

Pornografía con violencia directa. Si bien mucha de la pornografía existente puede contener violencia en el discurso que maneja al establecer la relación de sumisión y/o humillación de uno de los actores frente al otro —generalmente de la mujer hacia el hombre—, en este apartado nos referimos sólo a aquella violencia que se manifiesta de manera explícita: golpes, bofetadas o simulación de violaciones, por ejemplo.

Se puede encontrar también **pornografía que retrata conductas sexuales poco usuales** y que incluso puede conllevar un riesgo a la integridad física, como la erotización de los actos escatológicos (orinar o defecar en el otro) o incluso el *fisting* (introducir el puño por el ano o vagina).

El quinto tipo es la **ilegal.** Incluye la zoofilia, abuso infantil, violación, tortura, mutilación y necrofilia. La mayoría de las víctimas de estos temas degradantes son mujeres, jóvenes y niños.

Como podemos observar, la relación con la pornografía se ha ido transformando a la largo del tiempo. Mucha de la pornografía que hoy se puede encontrar no existía hace unos años o era difícil acceder a ella, y cuando se lograba ver no era en edades tan tempranas. Puede ser que si nuestros abuelos observaron pornografía ésta consistiera, en su mayoría, de fotos de mujeres semidesnudas. Durante nuestra juventud ya podían encontrarse videos con pornografía explícita aunque no eran de fácil acceso. Después de tomar la decisión de verlos, había que ir a un centro donde los vendieran, esconderlos para que los padres no los encontraran y, sobre todo, saber que la experiencia duraría lo que la cinta en terminar. Si uno deseaba ver más, tenía que conformarse con poner una y otra vez el mismo video o pasar por todo el trámite para conseguir otro, sabiendo que tendría un costo el rentarla o comprarla. Por su poca accesibilidad era difícil que se generara una necesidad mayor de ver contenidos cada vez más duros. Hoy, desde temprana edad, se tiene la posibilidad de entrar en contacto con la pornografía, aun sin haberse planteado la decisión de verla. Los contenidos también se han diversificado y, sobre todo, se ha vuelto una experiencia inacabable; pueden desfilar, una a una, páginas pornográficas en la computadora de manera continua, durante horas. De acuerdo con los datos de la investigación, observamos que conforme pasa el tiempo, cada vez es menor la edad en la que los niños han entrado en contacto con la pornografía y más los años que tienen por delante para estar observando este tipo de material. Esto, en muchos casos, genera la necesidad de buscar contendidos más explícitos y desensibilizarse frente a materiales violentos o ilegales. Antes existía el miedo de que los padres pudieran encontrar el material que se había adquirido; hoy, basta con sólo cerrar la página para que los padres no se enteren de que, a pesar de estar en la seguridad del hogar, los niños están en riesgo.

Antes	Ahora
Menor tiempo de exposición.	Mayor tiempo de exposición.
Mayor existencia o capacidad de acceder a pornografía suave y poca de pornografía dura.	Mayor posibilidad de acceder a pornografía explícita o con violencia.
Mayor control por parte de los padres.	Menor control por parte de los padres.
Menos accesible y con costo.	Más accesible y mucha de ella gratuita.

La pornografía a través de los años

❧

*La pornografía puede ser entendida como
una auténtica arma de opresión capaz de
conducir a los hombres a la catástrofe, o
bien ser una herramienta liberadora que
puede canalizar con seguridad y discreción
fantasías irrealizables y deseos potencialmente
peligrosos de hombres y mujeres.*

Naief Yehya

En un taller para padres de familia una mamá preguntó: "¿Todos los hombres ven pornografía?". Había encontrado material pornográfico en la computadora de su marido y no sabía qué hacer con ese descubrimiento. "¿Debo confrontarlo? ¿Es normal que la observe? ¿Qué hago?". Su comentario nos hizo reflexionar sobre lo poco que se toca este tema en la pareja. Generalmente, se tiene la visión de que la pornografía es un asunto de hombres que no pueden evitar verla y que las mujeres deben tolerar. Lo cierto es que investigaciones recientes arrojan que tanto hombres como mujeres adultas la observan, e incluso algunos la comparten en pareja, mientras que el resto lo vive como una conducta privada que no está vinculada a su vivencia sexual en pareja.

¿Tendrá algún impacto la pornografía en la vivencia de los adultos? Para muchos, la pornografía ha sido una manera de explorar sus deseos y fantasías, liberándose incluso de una educación generadora de culpas y tabúes. Es a través de ella como han logrado establecer una sexualidad más plena que ha impactado en su vivencia sexual en pareja; como lo comentaba una mujer después de participar en un taller de erotismo: "Mi mamá siempre me vigilaba, decía que nunca debía de ir más allá de un beso; a mi esposo, cuando éramos novios, no le permití ni siquiera que me tocara la pierna; yo llegué virgen al matrimonio. ¿Tú crees que pude disfrutar mi noche de bodas? La padecí. ¿Cómo podía pasar de sentir que el sexo era malo a disfrutarlo en tan sólo unas horas? Cada vez que mi marido se me acercaba escuchaba la voz de mi madre en el oído que me decía: 'Sucia, sucia'. Tardé tiempo para no padecer la relación sexual, pero disfrutarla como tal... años. Yo me preguntaba: ¿Por qué a la gente le gusta tanto hacerlo? Incluso, pensaba que eso de que las mujeres tuviéramos un orgasmo era un mito. Un día mi marido trajo uno de esos videos eróticos a la casa, salían parejas haciendo diferentes cosas, era uno de ésos que te va enseñando cosas interesantes para explorar y así me fui relajando, fui quitando poco a poco la voz de mi mamá de mi cabeza; me ayudó mucho en mi relación".

También hay personas que observan pornografía que les permite acariciar algún tipo de fantasía que sólo desean vivir en la mente y no en la vida real, o incluso sacan de ella ideas para expresar de distintas maneras sus deseos y sensaciones con la pareja.

Lo cierto, también, es que hay personas que generan una adicción frente a la misma, invadiendo sus espacios cotidianos sin poder evitar verla en el trabajo o en cualquier momento en el que tienen oportunidad; incluso, dándole mayor prioridad a esa experiencia que al contacto cercano y cotidiano con sus seres queridos. La pornografía puede desensibilizarlos a tal grado que no logran disfrutar una relación sexual en pareja, como lo comentaba un hombre después de escuchar una conferencia sobre el tema: "Creo que el problema es que he visto ya tantas cosas que la relación con las mujeres me sabe a nada". Varios terapeutas sexuales comentan que han tenido que ayudar a personas desensibilizadas por la pornografía, a retomar el vínculo afectivo en la relación de pareja para que sean capaces de disfrutarla nuevamente, invitándolos a mirar, oler y acariciar a la persona que aman sin buscar lo que la pornografía vende como prioritario: la penetración.

También existen algunos que plasman en el tipo de pornografía que observan sus conflictos internos y perversiones, como el caso de una mujer que descubrió material ilegal en la computadora de su marido. Múltiples escenas de niños siendo abusados sexualmente desfilaron frente a sus ojos. Esto no quiere decir que por haber visto este tipo de pornografía su marido fuera un abusador sexual en potencia, sino que por conflictos internos buscaba este tipo de pornografía que a su vez lo desensibilizaba cada vez más frente al abuso. El descubrir el material que su marido veía, aunado a muchos otros datos, le permitió abrir los ojos al riesgo en el que estaban sus pequeños y la necesidad de buscar ayuda.

Si bien existen algunos materiales ilegales que no son recomendables de ver para ninguna persona por su contenido de abuso y violencia, la mayoría de la pornografía es legal y el observarla en la vida adulta es una decisión personal y/o de pareja que se toma conforme a los propios valores. En la mayoría de los casos, tener contacto con ella no tendrá consecuencia negativa alguna, pues es vista desde la mirada de una persona que tiene conformada su personalidad, su estructura mental y de valores, de manera que puede discernir entre el material existente y darle la dimensión que en realidad éste tiene.

Lo importante, antes de abordar el tema con los hijos, es que reflexionemos sobre cuál es nuestra postura y visión sobre la pornografía desde nuestros valores, que seamos capaces de hablar con nuestra pareja sobre el tema y que esta experiencia sirva para conocernos mejor y formar un frente común en la educación que brindamos a los niños. Debemos estar concientes de que si bien como adultos estamos listos para elegir la relación que queremos establecer con la pornografía, los niños no lo están y aún así se enfrentan a ella cada vez a más temprana edad, muchos sin haberse planteado siquiera la decisión de verla.

La pornografía a través de la mirada de un niño

༄

Cuando se te acerca un niño y comienza a relatarte con su dulce voz, a detalle, una escena pornográfica, es un verdadero impacto. Si a veces nos resulta incómodo que utilicen un vocabulario grosero o vulgar, escucharlos hablar de sexo explícito, lo es más. ¿Por qué pasa esto? Porque la imagen de un niño no concuerda con el relato de la experiencia de los adultos. Tal vez si escucharas lo mismo por parte de un adulto, tu reacción no sería igual; podrías sentirte incómodo, o no estar de acuerdo, o hasta te podría resultar divertido; no tendrías esa sensación de extrañeza, angustia o sorpresa de saber que algo está fuera de lugar. Pero en el caso de un niño posiblemente tu primer pensamiento sería: ¡No lo puedo creer!

En efecto, no es lo mismo que un adulto decida ver pornografía, ya sea solo o acompañado por otro adulto, por curiosidad, por necesidad, por gusto o por cualquier otra razón, a que la vea un niño. Los efectos simplemente no son los mismos.

Cuando nos han pedido ayuda para niños que han estado en contacto con pornografía, realmente llama la atención la descripción tan clara sobre su vivencia: "Me sentía como drogado cuando la vi, sentí que no era yo mismo. Se me quedaron las imágenes como una estampita pegada en mi cabeza. Me dio tanto asco que quise vomitar. No podía dejar de verla, quería más y más. Ya no podía ni sumar, sólo quería verla otra vez. Cuando mi papá le tocó la pierna a mi mamá me puse a gritar, pensé que iban a hacer lo mismo que yo había visto."

A partir de su discurso nos damos cuenta de lo difícil que es para ellos elaborar estas imágenes, ya que no tienen su escala de valores totalmente conformada, no tienen la experiencia de vida que les dé puntos de realidad ni el desarrollo psicosexual que les ayude a entender lo que vieron. Por el contrario, les provoca angustia, miedo y generalmente, sobreestimulación. La puerta de escape que buscan puede ser compartir lo que encontraron con alguien más, en la mayoría de los casos con amigos de su misma edad, pues necesitan sacar de su mente lo que vieron y tratar de entenderlo al comentarlo con alguien más. Generalmente no lo comparten con un adulto porque saben que lo que están haciendo es inadecuado, sienten culpa y vergüenza. El resultado final es una cadena de caritas angustiadas compartiendo un mismo secreto; la intrusión de la pornografía a sus vidas.

El impacto de la pornografía en un niño está determinado por diferentes factores. No es lo mismo si la vio una sola vez por accidente, o si la vio en repetidas ocasiones y de manera intencional; si lo que vio fue pornografía suave, dura o explícita o con violencia; si la vio solo, en compañía de alguien de su misma edad o de un adulto, o si fue obligado a hacerlo. También depende de la edad en que la vio; entre más pequeño sea, menos podrá comprender e integrar las imágenes pornográficas, sobre todo si estas son duras y conllevan violencia.

Los resultados de la investigación que nosotros realizamos, arrojan que los niños ven pornografía cada vez a más temprana edad. En la muestra, la mayoría de los jóvenes adolescentes de 13 a 18 años de edad entraron en contacto con la pornografía por primera vez entre los 11 y 12 años; en cambio, los niños que están cursando primaria, de entre de 9 a 12 años lo hicieron entre los 9 y 10 años. Es más, un 15% de los niños que tienen entre 9 y 12 años entró en contacto con la pornografía entre los 7 y 8 años de edad y un 5% lo hizo antes de los 6 años. Este hecho es preocupante, pues entre más temprano inicien el contacto con la pornografía, menor es la capacidad cognitiva para integrar lo visto y mayor el tiempo de exposición, a lo largo de los años, que tendrán a material que deforme su visión sobre la vivencia sexual.

Independientemente de estos factores, podemos afirmar que la pornografía tiene consecuencias para todos aquellos menores que la observan.

Conduce al aprendizaje de la sexualidad de una manera distorsionada.

Es muy triste cuando la primera aproximación al tema de la relación sexual de un menor es la pornografía. Lo puede dejar confundido, sobre todo porque no tiene todavía la experiencia de vida ni la madurez cognitiva para integrar lo visto. Además, el material pornográfico puede mostrarle conductas como dominación de la mujer, promiscuidad, parafilias, sexo sin protección, autoerotismo compulsivo como algo común, orillándolo a crear asociaciones entre maltrato-violencia y sexualidad. En conclusión, el menor no tiene la capacidad de discernir entre lo que es la realidad y lo que no, entre lo adecuado e inadecuado pues su experiencia es nula, y aún no entra de lleno el deseo en su vida.

Lo lleva a separar el erotismo del afecto.

Algunas de las preguntas más frecuentes que nos hacen los adolescentes son: ¿Cómo satisfacer a una mujer? ¿Cuál es el mejor amante? ¿El tamaño del pene importa? Estas preguntas son adecuadas y esperables a su edad. El problema es cuando tratan de encontrar la respuesta en la pornografía, pues esta refuerza la idea de que lo importante en una relación sexual es lo meramente físico y que esto es fundamental para tener un "buen" desempeño en la misma: el tamaño del pene, cómo y dónde tocar.

En voz de los pubertos que observan pornografía con frecuencia escuchamos: "¿Cómo le pueden hacer los hombres para que griten así las mujeres cuando tienen relaciones sexuales? ¿Si no grita es porque lo hiciste mal?". La pornografía refuerza la idea de que lo prioritario es la penetración o estimulación genital. Muestra actividades sexuales en las cuales no hay intimidad afectiva y mucho menos compromiso. Seguramente, esto es lo opuesto a lo que tú, como papá, quieres darle como mensaje a tus hijos. Entre más contacto tenga el niño con este tipo de escenas, más lejos estará de ver al amor, la intimidad, el compromiso, la confianza y el respeto como parte integral de un encuentro sexual. Basta con leer los comentarios que pusieron estudiantes que observan pornografía, sobre lo que consideraran que aprendieron de ella: "Sobre el cuerpo desnudo y los genitales, las tetas y la vagina. Que el cuerpo vende. Cómo son las relaciones sexuales. Que las relaciones sexuales se pueden tener sin amor. Que las mujeres son sexys. Que a las mujeres les pagan por enseñar sus partes íntimas. Qué es ser una prostituta. Cómo meter el pene. El sexo oral. Sobre el placer. Sobre el amor." Estos comentarios nos dejan ver que tomaron como verdaderos los discursos que la pornografía propone, sin cuestionarlos siquiera.

Le hace pensar que la vida erótica se vive sin control.

Le genera la idea de que una vez que se inició una caricia erótica con alguien ya no se puede detener, y siempre terminará en una relación sexual o en una penetración. En la pornografía no se promueve el mensaje de poder planear un encuentro erótico o de que una caricia erótica se puede detener en cualquier momento y, mucho menos, que puede ser que alguno de los dos solicite a tiempo protección contra el embarazo e infecciones transmisibles sexualmente. De hecho, la profesora Gina Wingood de la Universidad Emory en Atlanta, Georgia, en un estudio que realizó con mujeres adolescentes encontró que aquellas que habían observado películas pornográficas recientemente eran 1.5 veces más propensas a asumir una actitud negativa acerca del uso del condón.

Puede generar angustia de desempeño.

Entre más joven se es, menos experiencia se tiene para poder discernir lo real de aquello que no lo es en la pornografía. Ésta es sólo una actuación, pero que presenta situaciones en un plano tan realista que para muchos menores puede ser tan real como la vida misma. Esto les genera angustia de desempeño pues se comparan, a veces inconscientemente, con los modelos mostrados en el material pornográfico, con los cuerpos tan perfectos o el desempeño que los actores tienen en las conductas mostradas. No sería raro que un niño o adolescente creyera que así es en realidad la vivencia sexual y se preguntará si sería capaz de llevarla a cabo.

Promueve una conducta sexual precoz.

El niño va teniendo una aproximación al erotismo acorde a su desarrollo psicosexual. Si bien el deseo está presente en los niños desde que inician con sus cambios físicos, éste se va instalando poco a poco en su psique. Sin embargo, cuando este proceso es violentado con el bombardeo de imágenes pornográficas explícitas, se adelanta el desarrollo del niño que no estaba listo para imaginar siquiera lo que vio. Esto lo orilla a vivir todo de manera vertiginosa, sin poder integrarlo, reflejándose en un vocabulario soez y conductas sexuales no esperables a su edad.

Establece la necesidad de ver pornografía para tener autoerotismo.

A partir de que los niños y niñas entran en la pubertad, la fantasía juega un papel importante en sus vidas. Esta fantasía es un momento íntimo, que puede derivar incluso en el autoerotismo, con el que pueden aprender a reconocer las sensaciones de excitación y placer en su cuerpo. La pornografía impacta en este proceso. Los jóvenes que han entrado en contacto con ella tienen la visión de que es imposible tener una conducta autoerótica sin ver pornografía. Aunque evidentemente cuentan con este recurso fantasioso, ya no hacen uso de él o incluso cuando lo hacen, éste está empañado por las imágenes pornográficas que ya invadieron su mente y no por lo que cognitivamente, por su etapa de desarrollo, se esperaría que fantasearan. Es decir, la pornografía se convierte en la fuente primaria del placer, que lo dispara a partir de imágenes fantasiosas en situaciones irreales, con actores de características físicas poco comunes o inexistentes. Esta nueva forma de excitación desplaza a las formas usuales en las que el adolescente se excitaba, volviéndolas obsoletas porque ya le resultan insatisfactorias.

Genera la necesidad de compartirla para entenderla.

No es extraño que, incluso siendo adultos, tendamos a compartir con otros alguna situación o imagen que nos ha impactado. Es un mecanismo natural del ser humano para integrar lo vivido. Las imágenes pornográficas pueden ser tan fuertes que impacten a quien las ve. Entre menor es la edad, mayor es la necesidad de tratar de entenderlas para poderlas procesar o integrar. ¿Cómo lo hacen los niños? Lo comparten con otros. Esto hace que si un niño observa pornografía, tienda a invitar o presionar a otros para verla y, al final, todo un grupo de amigos terminen viéndola. De aquí la importancia de poder brindarle el mensaje a los menores de que si un amigo los invita o presiona para observar pornografía se vale decir que no, y que aquél que presiona no es una mala persona, simplemente no ha podido integrar lo que ha visto o puede tener un problema de adicción, por lo que requiere ayuda.

Produce en sus consumidores una verdadera "adicción".

La curiosidad por querer saber más sobre lo que es una relación sexual se conjuga con las sensaciones que se despiertan en el cuerpo al recibir este tipo de estímulos. Estas dos situaciones, entre otras, dan paso a que los niños no puedan detener su deseo por querer seguir teniendo contacto con la pornografía, o con contenidos cada vez más explícitos y duros.

Impacta en la visión de género.

Si bien hoy tanto niños como niñas están expuestos a la pornografía, pudimos notar que existe una diferencia de género frente a la misma. Las mujeres de la muestra observan pornografía con menos frecuencia y ninguna de ellas presenta datos de los que pueda inferirse que tienen una adicción a la misma. Pareciera, también, por nuestra experiencia en los talleres, que existe menos presión entre mujeres para observar la pornografía. Sin embargo, sí está presente el impacto que tiene en ellas el discurso que ésta sostiene, aunque se manifiesta de maneras distintas. Hay un asunto fundamental que establece la pornografía y que impacta en la vivencia de los adolescentes: Devalúa a la mujer, reduciéndola a objeto de placer sexual para el hombre.

Tristemente, a nadie extraña el hecho de que la mayoría de las víctimas, cuando existe sexo con violencia, son mujeres y niños. Más allá de la violencia vale la pena analizar el hecho de que la pornografía, en general, tiene como objetivo el excitar al público para el que está hecha: los hombres. El discurso que manifiesta suele mostrar a la mujer como objeto pasivo al servicio de los deseos del varón. Ciertamente han habido intentos, no del todo exitosos, de generar pornografía para mujeres, en donde la historia que narra cobra más importancia y suele haber indicios de una relación afectiva más estrecha entre los personajes. Sin embargo, generalmente estamos hablando de una industria hecha para satisfacer los deseos y fantasías masculinas. Esto se pone de manifiesto en la investigación. Pudimos observar, por los comentarios de los alumnos de 13 a 17 años de edad que observan pornografía con frecuencia, cómo según ellos se comportan las mujeres en la vida "real"; se comportan como aquél estereotipo que propone la pornografía. En voz de ellos, es válido forzar a una mujer: "Porque siempre dicen que no, pero por dentro tienen ganas. A veces se hacen las difíciles, lo desean pero no quieren quedar como prostitutas. Porque todas las mujeres quieren, obvio. Porque eso pasa en realidad con las mujeres, hay que forzarlas. Para quitarles el miedo. Porque si no lo haces, no hay nada. Porque son humanas, todas lo necesitan. Por psicología a la inversa. Se le puede forzar si es prostituta. Por fea. Si te la estás agarrando. Cuando la amas intensamente. Porque mienten para no quedar mal. Cuando se hacen las difíciles. Cuando hay urgencia".

Como podemos observar, para ellos lo importante es la necesidad que la mujer debe y "quiere" satisfacer aunque no lo manifieste así. También nos llamó la atención, que otro aprendizaje que puede dejar la pornografía —para la visión de muchos de los alumnos de la muestra—, es que "te enseña cómo excitar a una mujer; cómo satisfacer los deseos de las mujeres", cuando la pornografía en realidad establece la propia satisfacción masculina más allá de los deseos y fantasías femeninas.

Por otro lado, la pornografía devalúa al hombre, presentándolo como un ser incapaz de controlar sus impulsos. Uno de los discursos que más nos impacta a la hora de trabajar con las adolescentes es la idea que tienen del hombre como "potencial violador". Incluso, uno de los miedos más arraigados que tienen muchas chicas es el de vivir una violación en algún momento de su vida. Y más allá; el miedo de que dicho abuso sea perpetrado por cualquier hombre, aun el más cercano o con quien se tiene una relación estrecha de amistad o noviazgo. Lo más lacerante de estas ideas es que se juzga duramente a la mujer por no haber sabido poner un límite (aún habiendo dicho que no), mientras se justifica al hombre por su incapacidad de poder poner freno a sus impulsos. En la investigación, el 7% de las mujeres que no ven pornografía está de acuerdo con la idea de que cuando las mujeres dicen que no a un encuentro sexual, en realidad sí quieren tener dicho encuentro. Este porcentaje aumenta a un 15% en mujeres que observan pornografía. También nos llamó poderosamente la atención el alto porcentaje (76%) de mujeres que no ven pornografía y que consideran que cualquier hombre buscará aprovecharse de una mujer alcoholizada para tener contacto sexual o relaciones sexuales con ella. Este porcentaje, que de por sí es alto, aumenta a un 87% en las mujeres que observan pornografía.

En reflexiones sobre este tema en los talleres de sexualidad, no deja de sorprendernos los argumentos que nos brindan y que justifican esta creencia: "Si ella decidió beber, es su culpa lo que pasó después, porque ella bebió y desde que lo hizo dio permiso para que hicieran con ella lo que quisieran.Las mujeres nunca podemos perder el control, si bebes mucho cualquiera se puede aprovechar de ti. Si una mujer bebe es porque es una zorra que no se atreve a decir en sus cinco sentidos, lo que sí quiere hacer. No bebes si quieres que te tomen en serio, si quieres respeto. Si bebes, tú sabrás, estás abriendo la puerta a que cualquiera se aproveche de ti". Como podemos ver, la mujer se convierte en la responsable de poner un alto y en la culpable si no lo logra. Tiene que tener más control sobre lo que sucede, aún bebida, que el hombre de manejar sus impulsos en sus cinco sentidos. No nos sorprenda, entonces, el dato de la investigación que muestra que el 60% de las mujeres piensa que cualquier hombre podría forzar a una mujer a tener contacto o relaciones sexuales si no existiera la posibilidad de consecuencias legales o de que otros se enteren de lo sucedido, independientemente si están o no viendo pornografía. Ante esto, las razones del por qué se daría dicha violación serían: "Porque en realidad sólo quieres que te rueguen, te gusta sentirte deseada. Todas quieren. Cuando sí quieres pero tienes miedo o no tienes ganas. Porque a veces tu novio quiere tener relaciones sexuales y tú no quieres. Porque la ama mucho. Porque a veces el hombre desea violarla".

Cuando verla una sola vez no basta

∽

La pornografía puede convertirse en una adicción tanto en niños como en adultos.

Según el doctor James MacGaugh, psicólogo de la Universidad de California, cuando alguien observa algo chocante, estimulante o excitante, como podría ser un accidente o la exposición no deliberada a imágenes pornográficas, una hormona llamada epinefrina se libera en la sangre y va inmediatamente al cerebro, fijando esa imagen a la mente. La pornografía puede llegar a ser un "proceso" de adicción, donde el sentimiento eufórico —o estimulante— proviene de sustancias químicas liberadas en el cerebro, en lugar de fuentes externas como drogas, alcohol o comida. La mente gradualmente se acostumbra a la liberación de estas sustancias y busca continuamente los recursos para lograr esa estimulación. Para el adicto a la pornografía, esta estimulación proviene de factores visuales al ver revistas, películas, libros o páginas web pornográficas. Este estímulo está usualmente, aunque no siempre, acompañado de autoerotismo.

Tristemente, algunos adolescentes que han recurrido a nosotras en en busca de ayuda pues tienen adicción a la pornografía, nos han mostrado que si una persona se expone constantemente a material pornográfico, poco a poco, llegará a tener un cúmulo de imágenes en su mente de las cuales le será difícil liberarse. Estarán ahí, listas para recordarse, aun cuando no lo quiera. Se puede excitar solamente con las imágenes que ya tiene en su mente. Lo anterior se ve reflejado en palabras de un niño de 10 años: "Puedes estar en clase de matemáticas y que en tu cabeza aparezcan esas imágenes en vez de los números".

Una vez que los niños o jóvenes contemplan imágenes explícitas en la pornografía se van desensibilizando; muchas cosas que les asombraban pueden dejar de ser exitantes, llevándolos a buscar nuevas imágenes que pueden ser, incluso, más fuertes que las anteriores. En algunos casos, esto puede derivar en buscar imágenes más violentas o, incluso, imágenes ilegales.

En conclusión, las imágenes mentales que se generan con la pornografía producen una reacción química en el cerebro que el cuerpo deseará volver a vivir. Y a nivel emocional, como cualquier otra adicción, hay una necesidad de llenar un vacío o evadir una realidad. Algo que refuerza la adicción en un adolescente es cuando tiene autoerotismo al ver pornografía. Se podría pensar que se le ha generado una adicción al autoerotismo, cuando en realidad es adicto a la pornografía y el autoerotismo sólo es un síntoma de ella. Es decir, el autoerotismo en sí es una conducta natural del ser humano y no causa daño ni físico ni metal ni mucho menos adicción. Sin embargo, el observar pornografía de manera frecuente genera tanta excitación que se busca descargarla a través del autoerotismo. Esto podrá hacer que el autoerotismo se viva como una conducta compulsiva y repetitiva al tener adicción a la pornografía. Esta adicción no tarda mucho tiempo en desarrollarse. Como encontramos en nuestra investigación: el 12% de los niños de 9 a 12 años ya manifiestan la necesidad de ver pornografía. ¿Qué sucederá con estos niños cuando lleguen a los 20 años de edad?

¿Cómo es que la pornografía se va convirtiendo en adicción?

1. **La persona entra en contacto.** Existe una poderosa atracción. Están continuamente buscando más y más. Al investigar este punto con los niños de 9 a 12 años nos sorprendimos con los resultados; de los hombres que han estado

en contacto con la pornografía, el 5% lo hace de manera esporádica; casi un 20% lo hace frecuentemente y casi un 10% diariamente. Las mujeres muestran porcentajes más bajos, el 3% lo hace esporádicamente, una vez al mes, y el 8% lo hace frecuentemente. El hecho de haber empezado tan pequeños y de que la adicción sea progresiva se manifiesta en los resultados de los jóvenes de 13 a 17 años. De los hombres que han estado en contacto con la pornografía, el 30% lo hace una vez al mes. El 40% reporta verla varias horas a la semana, en su mayoría de 1 a 5 horas, aunque un 6% sostiene que lo hace de 11 a 15 horas semanales. Por si eso fuera poco, un 15% de ellos sostiene que ve pornografía todos los días.

2. Escalada. Aquello que excitaba en un principio, después de un tiempo ya no lo hace. Cuando un tipo de pornografía ya no resulta excitante, suele buscarse pornografía nueva y más explícita. Esta acción puede escalar hacia materiales con contenido más fuerte o incluso violento. Al escuchar a los adolescentes en los talleres observamos que existe en ellos la fantasía de que "entre más fuerte sea la pornografía que vea, más me voy a excitar". Lo anterior tiene una parte de verdad. La pornografía con contenidos fuertes y/o violentos genera en quién la ve ansiedad y una gran descarga de adrenalina y cortisol que puede hacer que se tenga una experiencia más satisfactoria. Ahora bien, aun cuando una persona puede tener diferentes niveles de excitación, también es cierto que existe un proceso de desensibilización. El observar cotidianamente este tipo de material hará que el consumidor cada vez necesite ver más, para obtener el mismo grado de excitación.

3. Desensibilización. Significa que aquello que antes era terrible y causaba shock, aquello que ofendía a la conciencia y producía culpa, de un momento a otro ya no ofende, comienza a verse como aceptable. Esto implica que entre más tiempo de exposición se tiene a la pornografía, mayor es el deseo o posibilidad de entrar en contacto con contenidos más duros y justificarlos. Un niño de 4º de primaria, de 10 años de edad, comentaba: "La primera vez que vi en la compu porno fue horrible, espantoso, me sentí como drogado, no era yo; ahora ya no me asusta, es más ya hasta me gusta". Esta desensibilización se puso de manifiesto en la investigación. La muestra nos indica que el tipo de pornografía que ven va variando conforme a la edad. Es así que el 77% de los niños y el 89% de las niñas de 9 a 12 años de edad han entrado en contacto con pornografía suave. En el caso de los adolescentes, de 13 a 15 años de edad, el 30% de los hombres y 46% de las mujeres reporta estar en contacto con este tipo de material, porcentaje que disminuye significativamente en la muestra de adolescentes de

16 a 18 años de edad, en donde sólo el 4% de hombres y 37% de las mujeres lo reportan así, sugiriendo que ya no es el tipo de contenidos favoritos para ver.

El tipo de pornografía suave que los niños y jóvenes han observado es, en su mayoría, imágenes de mujeres y algunos hombres desnudos. Es importante resaltar que el 70% de niños y niñas de entre los 9 a los 12 años de edad ya ha contemplado pornografía con contenido explícito. Porcentaje que aumenta para la edad de entre 13 a 18 años, en donde el 96% hombres indica que la ha observado. Esta cifra aumenta al 95% en el caso de mujeres de 16 a 18 años de edad. El tipo de pornografía que han observado gira en torno a pornografía heterosexual y lésbico gay. Otras categorías que mencionan en menor porcentaje son: masturbación, sexo oral, sexo anal, orgías, grupal o tríos, *swingers*, *amateur* y *milf*.

En cuanto a pornografía con otros tipos de contenido como violencia, encontramos que sólo un 5% de niños de 9 a 12 años han tenido acceso a ella, cifra que aumenta al 12% en hombres adolescentes de 13 a 15 años de edad y que llega hasta un 20% en la adolescencia tardía (16 a 18 años). No así en las mujeres que, en su mayoría, sólo observan pornografía explícita; de ellas, sólo el 7% observará pornografía con violencia a lo largo de su camino hacia la adultez. Sólo el 1% de la muestra de niños de 9 a 12 años de edad ha tenido acceso a material que propone actividades sexuales inusuales que pueden conllevar un riesgo a la integridad física. Esta cifra aumenta a un 10% en los hombres de 13 a 15 años de edad y llega hasta un 17% para la edad de entre 16 a 18 años. Cabe mencionar que ningún niño o niña de entre 9 y 12 años de edad había observado pornografía ilegal; pero para los 13 a 15 años de edad, el 4% de hombres ya había entrado en contacto con ella; de los 16 a los 18 es el 6% el que lo ha hecho. Esto contrasta con las mujeres adolescentes en donde ninguna de ellas manifestó estar observando este tipo de pornografía.

En cuanto a la pornografía con contenido de violencia explícita, conductas poco usuales o pornografía ilegal, que niños y adolescentes están observando tenemos: *teen*, sadomasoquismo, *hentai*, *tentacle*, *fisting*, violaciones, zoofilia y necrofilia. Cabe mencionar que si bien la porno *teen*, en general, es actuada por adultos que se hacen pasar por menores de edad, muchas veces sí son niños los que aparecen y esto ya se considera pornografía ilegal.

Según la investigación realizada por la Asociación de Andrología y Medicina Sexual Italiana, publicada en la revista *Psycology Today*, los jóvenes que consumen pornografía con regularidad desde la adolescencia, tienden a padecer disfunción eréctil y pérdida de deseo cuando alcanzan los 25 años. Es decir, tras muchos años de consumo terminan por adormecer la respuesta natural de su cerebro a la estimulación sexual. Lo que buscaban en un principio, la excitación y el placer, se convierte en una disfunción sexual (deseo sexual hipoactivo).

4. Actuación. Comienza la persona actuar sobre lo que ya ha visto, imita la conducta aprendida.

Si bien vimos que existe, entre los niños y adolescentes que ven pornografía con frecuencia, la necesidad de compartirla, la adicción puede llevar a quien la observa a dar un paso más: llevarla a la práctica. En la investigación que realizamos observamos que existen adolescentes que reportan haber llevado a la acción algunas de las conductas observadas en la pornografía. Esto es algo que el 23% de los hombres de secundaria y el 57% de preparatoria reportan haberlo hecho. En cuanto a las mujeres de secundaria, el 6% lo ha hecho mientras que para preparatoria, ya es un 20%.

5. Puede desencadenar actos violentos. Este punto es sumamente controvertido. Pero hay autores que sostienen que la pornografía, sobre todo la que manifiesta violencia directa como golpes o maltrato, puede desencadenar que un joven se convierta en violador en el futuro. Otros autores, por el contrario, sostienen que existen aspectos culturales, sociales y psicológicos que llevan a un violador a cometer ese crimen y que éstos son determinantes, más allá de la pornografía que pudiera haber observado en su infancia o adolescencia —idea con la que nosotras concordamos—. Lo cierto es que, con base en nuestra experiencia y en la investigación que realizamos podemos concluir algunos puntos:

1. Entre más pequeño es el niño que observa pornografía, menos afianzada está su plataforma moral, de manera que formas violentas de pornografía pudieran llevar a actitudes y comportamientos antisociales. Es decir, que el niño busca la regulación social ante lo que vio. No es extraño que en un grupo en donde varios niños estén observando pornografía, las niñas se sientan continuamente agredidas por el vocabulario y actitud de éstos frente a ellas. Recordamos a una niña que pidió ayuda porque los niños le hacían comentarios vulgares al oído de manera constante, esperando ver cuál era su respuesta y el límite que imponía la autoridad.

2. La pornografía dura y con violencia desensibiliza a niños y adolescentes ante diversas formas de maltrato. Los varones que la observan tienden a ser más agresivos hacia las mujeres cercanas,

y menos sensibles al dolor y a los sentimientos de la pareja. Pueden incluso, en el discurso, justificar las relaciones sin consentimiento mutuo. En la investigación que realizamos hubieron datos que así lo muestran. Por ejemplo, de todos los hombres adolescentes de 13 a 17 años de la muestra que no han visto pornografía sólo el 11% coincide con la idea de que las mujeres cuando dicen que NO quieren tener relaciones sexuales, en realidad SÍ quieren tenerlas. En cambio el 26% de los que observan pornografía con frecuencia coinciden con esa idea. Más preocupante son aún los datos que indican que ninguno de los hombres de la muestra que no han visto pornografía se aprovecharía de que una mujer estuviera bajo el efecto del alcohol, para tener contacto o relaciones sexuales con ella, cuando el 13% de aquellos que si observan pornografía lo haría. De los que la observan frecuentemente, un 18% lo llevaría a cabo.

3. No existe una relación directa entre ver pornografía con violar a una persona. Muchos hombres observan pornografía dura o con violencia de manera cotidiana y nunca han violado a una mujer. Sin embargo, se ha encontrado que los violadores observan pornografía con

frecuencia. Es decir, que la pornografía es una arista más que, junto con otros factores sociales, psicológicos y culturales, puede ayudar a desensibilizar al joven que ya trae problemas, para realizar un acto como ése. En el estudio observamos que el 11% de los hombres que observan pornografía frecuentemente sostienen que *forzarían a una mujer a tener contacto o relaciones sexuales si no hubiera consecuencias legales o si nadie se enterara*, cuando ninguno de los hombres que no ha entrado en contacto con la pornografía dice que lo haría.

Síntomas de una adicción a la pornografía

- La persona presenta una incapacidad para frenar el comportamiento compulsivo de consumo de pornografía, aun cuando se lleven a cabo intentos por hacerlo. Recordamos la petición de un niño de 9 años: "Ayúdame, necesito que hables con mi mamá por favor, yo creo que soy muy sexoso, no puedo parar". Fue difícil también escuchar al joven de 12 años: "Necesito ayuda, te juro que cada día me digo, hoy no vas a ver pornografía y trato de convencerme hora tras hora de no hacerlo pero, al final, no lo puedo evitar, la veo y me quedo con una sensación de culpa horrible".

- Tiende a aislarse de diferentes actividades sociales para encontrar momentos que le permitan ver pornografía. Deja de ver a los amigos, intenta no ir a las reuniones familiares o busca cualquier pretexto para quedarse solo en casa y poder acceder al material.

- Cambia sus horarios de sueño. Varios estudios coinciden en que la noche es el momento en el que más se busca pornografía pues no hay nadie que frene la conducta. Esto es un problema serio con las computadoras portátiles y las nuevas tecnologías con las que se puede acceder a Internet en cualquier momento. Los niños y adolescentes suelen aprovechar los horarios nocturnos para acceder a este tipo de material mientras sus padres duermen tranquilos pensando que están seguros y protegidos en su habitación.

- Como en cualquier adicción, hay enojo e irritabilidad si se le pide que deje de observar pornografía. Incluso tienden a negarlo o minimizar la experiencia y brindan un discurso que puede hacer pensar a quien los enfrenta que dejarán de realizar la conducta, es decir, nos pueden decir aquello que queremos escuchar. En una ocasión, una madre en asesoría comentó: "Yo pensé que estaba resuelto, hablé con él del tema y me dijo que no lo haría más, que sólo la había visto una o dos veces y que le quedaba claro que no estaba bien; ayer me llamaron nuevamente de la escuela, parece que esto sigue siendo un problema". Obviamente, esta mamá se sentía traicionada por su hijo y estaba enojada porque no estaba cumpliendo con lo que le había prometido. Algo importante que ella debía saber es que su hijo continuaba con la conducta no por molestarla, sino porque no tenía la capacidad para frenarla, incluso a pesar de sufrir consecuencias. En asesoría, otra mamá que estaba sumamente desgastada por esto dijo: "Ya no sé que más castigarle, ya no tiene permiso de salir como en un mes, no le doy más su mesada, ya lo perdió todo y apenas puede se mete a la computadora y a lo mismo". Faltaba tal vez ponerle a este joven la única consecuencia que necesitaba: Negarle cualquier acceso a Internet y buscar ayuda.

- Esconde o trata de mantener en secreto todo o parte del material pornográfico que ha visto; con un solo clic le basta para hacerle creer al adulto que estaba haciendo la tarea o escuchando música.

A veces puede aprovechar nuestro poco conocimiento sobre las nuevas tecnologías para borrar la información, incluso del historial, para evitar dejar un rastro de lo que observa.

- Como ya lo mencionamos, al ser imágenes difíciles de entender, la persona busca platicarlo y compartirlo con su grupo de pares, motivándolos a que también las vean, para que juntos puedan darle un significado. En la investigación que realizamos observamos que de los niños y niñas que ven pornografía con frecuencia, el 32% ha intentado compartirla con alguien, cifra que aumenta al 43% en los adolescentes de 13 a 17 años.
- Cabe mencionar que, entre menos edad tengan, pueden mostrarse más desinhibidos y utilizar un lenguaje vulgar, soez y con contenido sexual. En la clase de natación, mientras dos niños de 9 años se cambiaban de ropa en el vestidor, uno le dijo al otro: "Voltéate, que te lo quiero meter en tus pompas". Como puede verse en el ejemplo el lenguaje no deja lugar a dudas de que el niño está en contacto con material que le brinda patrones de interacción y formas de expresión que de otra manera no hubieran tenido cabida en su mente. Por otro lado, la angustia de lo que observa lo lleva a no poder filtrar lo

que dice o hace. También pueden llevar a la acción, en el juego, conductas sexuales fuera de su desarrollo psicosexual. Por ejemplo, solicitarle a un amigo "chúpame el pene".

- Las personas que tienen una adicción pocas veces solicitan ayuda por la culpa y vergüenza que sienten, a la par de la desesperación por no poder evitar seguir consumiendo ese tipo de material. ¿Sería fácil para ellos acercarse a sus padres y decirles: Tengo un problema, no puedo dejar de ver pornografía?

¿Qué digo, qué hago?
Más vale prevenir

❧

¿Cómo prevenir?

Como hemos visto, hoy las cosas son diferentes. Tú viviste una época sin Internet, tu hijo no concibe la vida sin un celular, sin una computadora, sin Ipod, sin Ipad, tecnologías que generan la posibilidad de que se tope con pornografía con un simple "clic". Por esto es vital que puedas adelantarte a esta situación mandándole mensajes que lo ayuden a formar una postura personal, asertiva, frente a la misma. Hablar claro es de mucha ayuda. Pero, ¿cómo hablar?, ¿a partir de qué edad?, ¿qué mensajes mandar?, ¿qué tan directo se tiene que hacer? Todo dependerá de la edad que tenga el menor.

El niño menor a seis años

Es inusual estar hablando de mandar mensajes de prevención sobre lo relacionado con la pornografía a niños tan pequeños. Sin embargo, en la experiencia con alumnos de preescolar hemos encontrado que muchos de ellos, para los 5 o 6 años, ya se han enfrentado a contenidos que no son aptos para su edad, desde películas de terror, videojuegos o hasta pornografía. No sólo eso, lo que más nos ha llamado la atención es que se sienten orgullosos y capaces porque dicen ya poder entrar solos a Internet sin las supervisión de un adulto, cuando ni siquiera identifican los riesgos porque no está en su capacidad cognitiva hacerlo. Lo mejor sería que tu hijo de 0 a 6 años de edad no tenga contacto con las nuevas tecnologías; y si decides permitírselo, que sea bajo tu supervisión. Aun así, es importante desde esta edad empezar a mandar mensajes que le permitan actuar asertivamente en el futuro. Para hacerlo, es importante tomar en cuenta tres cosas:

1. Está en una etapa de pertenencia al mundo e inicio de su autonomía. Los mensajes de prevención que enviemos no deben generar paranoia o hacerlo sentir que vive en un mundo inseguro y hostil; deben de ser mensajes claros y breves que le permitan sentir que puede tener

el control sobre lo que sucede. Por ejemplo, servirá más que le digamos "siempre permanece junto a mí cuando estemos en lugares públicos"; a mensajes que le hacen creer que hay muchas personas malas como "no te alejes de mí porque cualquiera te puede robar". Lo primero le hace aprender a cuidarse y controlar sus acciones; lo segundo le genera inseguridad, miedo y paranoia, no le permite desarrollar habilidades, sólo le genera la sensación de no poder controlar la "maldad" externa.

2. Su pensamiento es concreto. Lo que le digas lo tomará al pie de la letra, no es capaz todavía de entender lo simbólico en una conversación. Por ejemplo, si le dices que no toque tu computadora porque puede haber personas desconocidas que le hagan daño, el entenderá literalmente que las hay, no será maduro aún para entender lo que significa un acosador cibernético.

3. No comprende la relación sexual; este tema está lejos incluso de serle de interés. Sería muy triste que la primera información que tuviera al respecto fuera relacionada con la pornografía. Por lo tanto, es importante mandar los mensajes sin nombrarla, y sin ser explícitos en sus contenidos o definición. Es importante

incluir este tema en una estrategia más amplia de protección. Es decir, relacionarlo con el cuidado que debe de tener con todo medio de comunicación como televisión, radio, videos y con las nuevas tecnologías, en general.

Qué no decir

- "Cuidado, no lo toques, es peligroso para ti".
- "Pueden salirte cosas feas".
- "Pueden haber personas malas que quieran hacerte daño".
- "Te puede salir sexo o pornografía".

Qué sí decir

- "Aún no puedes utilizar el Ipod, Ipad, Internet; es para personas más grandes. Si decides que lo use puedes, entonces, enviarle este mensaje: Si los niños entran a Internet es acompañados siempre de un adulto, al igual que salen siempre acompañados a la calle".
- "Tú tienes el poder. Cuando escuches cualquier cosa que te haga sentir miedo o enojo puedes cambiarle, apagarle, alejarte o avisarle a un adulto confiable".

- "Un adulto confiable es aquel que te escucha, te cree y te ayuda; puede ser tu mamá, papá o alguien cercano".
- "Para ver si una película, programa o videojuego es para ti, tenemos que fijarnos en su clasificación. Los programas o películas que son para tu edad tienen la letra A o AA y en los videojuegos la E".
- "Hay conductas que se hacen en público como comer o jugar y otras en privado como ir al baño, desnudarte o bañarte. Nadie debe tomar fotos de momentos privados con el teléfono, cámara o videocámara porque si lo suben a Internet todos podrían verlo. Internet es un espacio público".
- "A veces en Internet y en la televisión pueden salir imágenes que son para personas más grandes o adultas, como películas de miedo o personas haciendo cosas privadas, como estar desnudas".

Algunas acciones que pueden ayudar

- Tu hijo necesita moverse para descubrir el mundo, bríndale actividades que lo conecten con la naturaleza, con otros niños y que le permitan explorar. Que su contacto con la tecnologías sea mínimo, que antes de aprender a conectarse a un aparato, aprenda a descubrir el mundo, las relaciones significativas y cercanas, la creatividad en el juego y la magia de estar vivo, que aprenda a estar conectado consigo mismo y con las personas que lo rodean.

- Ten una relación sana con las nuevas tecnologías, da el ejemplo de que las dominas y no ellas a ti.
- Los niños de esta edad necesitan mucho de tu tiempo y atención. Procura jugar con tu hijo, realizar actividades que ambos disfruten. Diviértanse con juegos de mesa, cocinen o lean un libro juntos.
- Cuando comience a interactuar con la tecnología, llévalo de la mano, acompáñalo mientras esté en contacto con ella. No la uses de niñera.

El niño de 7 a 9 años

Cada vez es más frecuente llegar a un salón de clases de niños de segundo o tercero de primaria que tendrían que estar apenas comprendiendo lo que es una relación sexual y que, tristemente, ya tienen imágenes pornográficas en la cabeza que les impiden colocar al acto sexual en el contexto del amor y el compromiso. Es importante saber que un niño de esta edad:

1. Está en un momento de vida en el que tiene interés por el funcionamiento de las cosas; esto se suma a que va adquiriendo un sentido de autoestima a través del dominio de habilidades. Estas dos características de la etapa que está viviendo son todo un reto en la época que vivimos. Antes, descubríamos cómo funcionaban las cosas a partir de armar y desarmarlas. Quién no desarmó un radio o despertador para ver el mecanismo o experimentó mezclando diferentes sustancias de cocina o champú, hasta que un adulto nos regaló algún juego de química o juegos mecánicos para armar, que nos permitían aprender a partir del ensayo y error. Hoy, muchos niños no aprenden fortaleciendo habilidades al realizar las cosas, sino al observarlas a través de una pantalla. Incluso, podríamos decir que el manejo de las nuevas tecnologías se ha convertido en un objetivo en sí mismo, que se vive como un reto y sustituye habilidades indispensables que antes se trabajaban en el juego continuo.

2. Está concentrado en entender las reglas sociales. No sólo aprender, desde lo más básico, como formarse, esperar turnos, respetar los altos; sino las reglas más sutiles de interacción social como, por ejemplo, cuándo y por qué se vale

mentir, qué se espera de los hombres y de las mujeres en la sociedad, cómo se llevan los novios y los esposos o cuál es la diferencia entre la forma de expresar la sexualidad y el amor entre los niños y entre los adultos. Cuando un niño de esta edad observa pornografía se confunde porque ésta establece reglas distintas de vinculación afectiva. Plantea un panorama en donde la mujer puede ser sometida, el hombre se relaciona con ella sin afecto; en donde el acuerdo mutuo y la confianza no son importantes, y se dan relaciones de uso en las que puede existir violencia y se nulifican los sentimientos. Estas reglas tienen poco que ver con la vivencia cotidiana de una pareja, y aleja a nuestros hijos de la esencia de lo que queremos que vayan introyectando a esta edad para hacerlo suyo. Incluso, la confusión más grande puede ser que terminan inmersos en vivencias del mundo adulto, que los invitan a transgredir una regla fundamental que es el ir paso a paso viviendo lo que les corresponde a su edad, a postergar y no adelantarse a vivir situaciones que deberían estar lejanas a su etapa de vida y podrían ponerlos en riesgo.

3. De los 7 a los 9 años, poco a poco, van comprendiendo el proceso de fecundación. Al

inicio pueden identificar que se necesita de un hombre y una mujer, un espermatozoide y un óvulo para formar un bebé. Hacia los 9 o incluso 10 años tienen la capacidad cognitiva para comprender que el pene entra en la vagina para que los espermatozoides puedan llegar al óvulo. Esto lo identifican como un proceso exclusivamente biológico y necesario para la reproducción, no es raro que un niño de esta edad concluya, "si mis papás tienen dos hijos, quiere decir que lo hicieron dos veces". Este es un buen momento para explicarles la relación sexual, antes de que inicien la pubertad y venga con ella la posibilidad de que le den un contexto erótico. Aunado a esto, justo están viviendo la etapa del "Club de Toby", es decir, las niñas con las niñas y los niños con los niños. El sólo imaginar que de grandes tendrían que "hacer eso" con el otro sexo puede resultarles desagradable. No es extraño escuchar comentarios como: "Guácala, cómo se atreven a hacer eso, cuando yo sea grande nunca lo voy a hacer. ¿Es la única forma para tener un hijo?". La pornografía violenta este proceso, antepone imágenes cargadas de erotismo en la mente de niños que apenas comienzan a entender el funcionamiento mecánico de una relación. Y además, la información no adelanta, pero ver la imagen sí. No es lo mismo que escuche lo que es una relación sexual a que vea una imagen de la misma.

Qué no decir

- "Eso que estás viendo es algo sucio, seguro lo buscaste. A nadie le sale lo que no busca".
- "Eso que viste es natural, lo hacemos todos; es la forma para tener bebés".

Qué sí decir

- "En la computadora pueden aparecer imágenes que no son para tu edad, son para adultos, ¿cómo cuáles piensas tú? Son imágenes de personas que están desnudas o incluso teniendo relaciones sexuales. A esto se le llama pornografía".
- "Éstas imágenes pueden resultarte desagradables y hacerte sentir incómodo. La pornografía en Internet puede aparecerte accidentalmente. Quizá estés buscando una palabra para tu tarea y sin que tú lo desees te pueden salir estas imágenes. Si eso sucede, puedes avisarme para

que te ayude, también puedes apagar la computadora".

- "A tu edad, las imágenes que presenta la pornografía pueden impactarte y quedarse grabadas en tu cerebro, parecido a lo que te sucede con las películas de terror".

- "La pornografía no es algo que los niños deban ver, les hace daño. Si un amigo te invita a verla debes decirle no y avisarle a un adulto confiable".

Algunas acciones que pueden ayudar

- Tu hijo necesita descubrir sus propias habilidades para tener sentido de logro, lo que fortalecerá su autoestima. En pocas palabras, debe descubrir que es bueno en algo, música, deporte, matemáticas, aquello que sea de su interés. Bríndale espacios en donde pueda ensayar para adquirir estas habilidades. Estar mucho tiempo en la computadora o videojuegos le da una falsa sensación de tener destrezas porque las aplica en las tecnologías. Éstas no son las únicas habilidades que necesita obtener pues se estaría perdiendo de aprender sus potencialidades reales. Necesita desarrollar capacidades que lo electrónico no le ayuda a obtener, como habilidades sociales, psicomotoras, de comunicación, artísticas, que sólo se logran en la interacción con el otro y con el medio.

El niño de 10 a 13 años

Justo es la etapa en la que inicia la pubertad; es decir, comienzan sus cambios físicos. El deseo comienza a formar parte de su vida. Para esta etapa la mayoría ha entrado en contacto con pornografía y puede ser que a partir de ella comience a satisfacer sus deseos. Es importante saber que:

1. Pensamos que las hormonas son las culpables de todo, "está de mal humor por las hormonas", "contesta mal, por las hormonas", "se encierra en su cuarto, por las hormonas". Y sí, es cierto. Las hormonas son sustancias químicas que se producen en nuestro cerebro y llevan diferentes mensajes a todo el cuerpo, causando alteraciones y cambios no sólo físicamente observables sino también internos; nuestras emociones, fantasías, conductas se ven afectadas por ellas. En esta etapa las hormonas juegan un papel primordial en sus vidas, pues es la primera vez que están presentes en una mayor cantidad circulando en su sangre.

2. Lo anterior hace que sienta por primera vez el deseo. Es decir, comienza a sentir atracción por el otro y a querer tener una cercanía física distinta. Está consciente también de las "mariposas en el estómago" que se generan al estar frente a la persona que le gusta, los nervios que se sienten al observar escenas de amor en alguna película o programa, cuando en la infancia le daban asco. No creas que este despertar del deseo lo lleva inmediatamente a querer tener un encuentro sexual. No es así, sólo es el inicio de un largo proceso que va a durar toda la adolescencia. Al principio no lo vive, sino que utiliza un recurso maravilloso: la fantasía. Si recordamos cómo éramos en esa época... cómo pasábamos horas tirados en la cama mirando al techo sólo imaginando cómo sería esa primera vez. La fantasía nos protegía, pues sólo podíamos tener en la mente aquello para lo que cognitivamente estábamos listos para imaginar y sentir. Ensayábamos con ella muchas cosas que aún no estábamos listos para llevar a la acción, para vivirlo. Le podíamos dar el final que quisiéramos y repetir la escena cuantas veces fuera necesario hasta lograr sentirnos satisfechos con ese final. Muchos de nuestros pubertos ya no tienen la oportunidad de

vivir este proceso, la pornografía irrumpe en sus vidas llevándolos a dejar atrás su imaginación y a reemplazarla por imágenes reales y crudas para las que aún ni siquiera estaban cognitivamente listos para imaginar.

3. Puede ser que si tienes un hijo de esta edad te des cuenta de que las puertas que antes siempre estaban abiertas se comienzan a cerrar. Su recámara o el baño, por ejemplo. Incluso puedes encontrar la puerta cerrada con llave y debas tocar y recibir su permiso para entrar. Esto es normal, la privacidad es fundamental para ellos, necesitan tiempo consigo mismos para descubrir qué música les gusta y escucharla, leer, hablar por teléfono o simplemente fantasear. El riesgo de hoy está en que no se encuentra solo en su habitación, tiene la posibilidad de conectarse con el mundo a través de cualquier dispositivo.

Qué no decir

- "Todos vimos pornografía a tu edad, no te preocupes, no pasa nada".
- "Todos los hombres ven pornografía".

Qué sí decir

- "En la computadora pueden salir imágenes en las que dos personas se muestran en una situación íntima, privada, como dándose besos, teniendo caricias e incluso teniendo relaciones sexuales, a eso se le llama pornografía".
- "La pornografía muestra relaciones sexuales sin intimidad, amor ni compromiso".
- "Hay pornografía que puede mostrar imágenes donde obligan o lastiman alguna persona".
- "La pornografía no refleja la realidad, es sólo una actuación y como en todas las películas, no todo lo que se ve es real".
- "Es normal que una persona sienta excitación cuando observa pornografía, ya que está hecha para eso. El riesgo es que pueda querer verla constantemente y le cause adicción".
- "Cuando alguien está observando pornografía de manera constante puede querer compartirla con sus amigos. Lo mejor es decirle que no de manera clara a quien te invite a ti a verla. Si insiste, avísale a un adulto confiable para que ayude a esa persona a que la deje de ver".
- "Es normal que tengas curiosidad de saber cómo es una relación sexual, pero ni el Internet ni la pornografía son el mejor lugar para aprender sobre ello".

Algunas acciones que pueden ayudar

- Hay lugares en donde asumimos que nuestro hijo está seguro, como en su cuarto, pero si tienen instalada una computadora con acceso al Internet, es allí donde encontrará mayor vulnerabilidad y riesgo. Saca las nuevas tecnologías de su habitación; éstas deben estar en un espacio abierto, para poder mantenerte cerca y estar al pendiente del uso que les da tu hijo.

- Haz una comparación clara entre el uso de las nuevas tecnologías con compartir un cuarto privado como el baño. Le podrías decir algo así como: "Alguien más, además de ti usa este espacio, por lo que debes cuidar el uso que le das". Sobre todo cuando hay un hermano menor que podría encontrarse con lo que él está viendo.

- Si tu hijo tiene computadora, Ipod, Iphone, o cualquier aparato con el que pueda entrar a Internet, debe saber que tú, de vez en cuando, se lo pedirás para revisarlo y ver su historial, sin avisarle con anterioridad, pero en su compañía. Esto le ayudará a limitarse en cuanto a las páginas que visita. Es importante que no sea a sus espaldas, pues esto no lo contiene, al contrario, genera un sentimiento de coraje y traición.

El adolescente

No es lo mismo un adolescente de 14 años, que el que tiene 17. Generalmente, entre más grande, mayor su experiencia y su capacidad de comprender y dimensionar las imágenes pornográficas. Es importante considerar:

1. No es lo mismo que vea una revista pornográfica, a que vea pornografía explícita o ilícita. La primera le permite utilizar su imaginación, la segunda le impone imágenes en la cabeza.
2. Hoy hemos encontrado en el discurso de numerosos adolescentes la idea de que para excitarse y tener autoerotismo es indispensable ver pornografía. Les parece inconcebible lograrlo sin esa herramienta. Es decir, que les ha quitado la riqueza inmensa de recurrir a su propia fantasía y utilizar sus recursos para suplantarlo con imágenes estereotipadas y actuadas. Ya no tienen la capacidad de explorar sus sentidos y fantasías para descubrir qué es lo que realmente les gusta y sentir exitación, sino que deben recurrir a imágenes

visuales o recordar las que ya tienen en la cabeza, limitando su vivencia erótica.

3. Muchos adolescentes caen en la trampa de creer que entre más pornografía vean, o más intensas o diversas sean las escenas, mayor excitación tendrán. En realidad el efecto es a la inversa, observar pornografía constantemente les va llevando a necesitar ver cada vez más, para por lo menos poder sentir lo mismo.

4. Los adolescentes están en una etapa en que empiezan a vivir los primeros encuentros sexuales. La pornografía también impacta este proceso. Por un lado, les impide ir paso a paso, les genera prisa por llegar a consumar una relación sexual. Por otro lado, muchos se creen el guión pornográfico y lo quieren recrear con la pareja, aún cuando lo que observaron pueda ser una forma poco usual y que conlleve riesgo. Incluso, comparan sus reacciones o las de la pareja con lo que "debería de haber sido", según lo que vieron.

Qué no decir

- "Todos los hombres ven pornografía".
- "Todas las parejas comparten pornografía".

- "Ya estás en edad de ver pornografía, es normal tener curiosidad".
- "Ver pornografía te enseña técnicas para excitar a la pareja".
- "Ver pornografía sirve para masturbarte".
- "A tu edad, yo ya la veía".

Qué sí decir

- "No por ver más pornografía o mayor variedad de imágenes aumenta la excitación. Por el contrario, conforme se ve más pornografía hay mayor desensibilización".
- "La pornografía, generalmente, promueve el sexo sin protección y algunas veces prácticas poco comunes que conllevan riesgo. Tratar de recrear estas prácticas con la pareja puede causar daño".
- "La pornografía no es un guión de cómo excitar al otro, es una actuación para excitar a quien la ve".
- "La pornografía puede promover la idea de que el hombre y la mujer siempre están dispuestos".
- "La pornografía también puede promover la creencia de que cuando una mujer dice no, en realidad es un sí. En la vida real si una persona dice que no a un encuentro sexual es un no, y debe de respetarse".

- "Observar pornografía es una elección personal o de pareja. Entre más edad tengas, más elementos podrás tener para tomar una decisión asertiva al respecto".
- "No todos los adultos deciden ver pornografía, y si la ven tienen la experiencia para poder dimensionarla y saber qué de lo que plantea es real o va acorde con sus valores".
- "Hay distintos tipos de pornografía y algunas de ellas muestran relaciones ligadas a la violencia, a humillar a otras personas o incluso a forzar a tener relaciones sin el consentimiento de la persona. Esta pornografía es ilegal y no debe verse".
- "La pornografía puede mandar mensajes que promueven la denigración, devaluación o cosificación de la mujer o el hombre".
- "La intimidad y el amor potencializan el placer".
- "La penetración no es todo ni lo más importante en una relación sexual".
- "La pornografía puede causar adicción".
- "Observar pornografía puede generar la necesidad de querer compartirla. Compartir pornografía con personas menores que tú es un abuso pues no tienen la misma información ni experiencia que tú tienes. Los adultos tampoco

deben compartir la pornografía con un adolescente por la misma razón".

Algunas acciones que pueden ayudar

- Habla abiertamente del tema con tu hijo o hija.
- Cuestiona los estereotipos de género que promueve o plantea la pornografía.
- Dale dispositivos personales y la libertad de usar el Internet conforme te demuestre que es capaz de cuidarse.
- Hazle saber que sí tiene un problema con la pornografía puede hablar contigo.

En conclusión, lo más importante es que cuando un joven escuche sobre los riesgos de las nuevas tecnologías y la pornografía, sea por ti, no por sus compañeros. Que sea oportuno tu discurso y, de preferencia, antes de que se haya expuesto a ella.

Mi hijo vio pornografía

❧

En una conferencia una mamá nos compartió su vivencia. Estando de vacaciones hospedada en un hotel, al salir de bañarse se encontró a sus hijos pequeños de 4 y 6 años viendo un canal para adultos. Esto la impactó tanto que comenzó a gritarles que no debían ver esas "cochinadas". Lo peor fue que al pasar los días, cada vez que regresaban al cuarto a ver la tele les advertía que no podían volver a ver lo que "habían visto". Si esta mujer, con naturalidad, hubiera cambiado el canal para decirles que esas imágenes no son para niños, hubiera sido suficiente y los niños lo hubieran olvidado. Sin embargo, la respuesta de la madre y el recordárselos constantemente sólo fijó las imágenes en ellos.

No es lo mismo lo que le sucedió a esta mamá, o que de pronto, de forma fortuita, le aparezca algún contenido así en la televisión o computadora a tu hijo, a que descubras que él o ella ha estado por horas o días observando pornografía. En el primer caso, lo mejor es enviar los mensajes de prevención de los que ya hemos hablado; en el segundo, se requiere de una intervención oportuna.

Los primeros diez minutos

Los primeros minutos en que descubres que tu hijo vio pornografía y te enfrentas a ello probablemente sientas angustia, enojo y ganas inmensas de negarlo todo. Tal vez quieras justificar la situación o a tu hijo pensando que fue otra persona la que lo hizo o promovió; que es mejor dejarlo pasar o hasta querer desquitar tu coraje con él. Definitivamente, estos primeros diez minutos no son los adecuados para encontrar una solución, o tratar de dialogar.

Si esto ocurre, te recomendamos:

- Respira hondo.
- De manera clara y firme, sin gritar, pídele que apague la computadora y se retire del lugar.
- Avísale que después hablarán al respecto.

Después de tus diez minutos de shock…, la ruta de acción es:

1. Aunque te den ganas de borrar todo aquello que tu hijo vio, no lo hagas. No

borres el historial; por el contrario date un momento a solas para entrar a las páginas que tu hijo visitó. Sólo esto te podrá ayudar a saber con certeza qué imágenes tiene tu hijo en la cabeza. Por ningún motivo invites a tu hijo a ver las imágenes contigo por dos razones principales, no sirve para nada y genera un momento sumamente incómodo. ¿Recuerdas cuando te tocaron escenas "eróticas" en el cine frente a tus papás o algún otro adulto? A veces hasta un simple beso nos hizo sentir fuera de lugar. En una ocasión se nos acercó un padre para platicarnos su experiencia. Su hijo de 10 años había observado pornografía y pensó que lo mejor para ayudarle era sentarse con él y volverla a ver para explicársela; al respecto nos comentó: "Apenas comenzó el video, me quise desaparecer; me di cuenta de que me había equivocado. ¿Cómo podía explicarle las imágenes que estábamos viendo?, ¿qué le podía decir? Mira hijo eso es sexo oral, esa posición se llama... ¡fue horrible! No hay nada que explicar; por otro lado no dejaba de pensar cómo se sentirá mi hijo con lo que está viendo y más estando frente a mí, qué pensará de mí o de lo que siento al ver esto".Revisar lo que vio tu hijo te sirve para que tú sepas con qué tipo de pornografía estuvo en contacto y puedas abordar el tema desde la realidad, jamás para explicar las conductas sexuales, sino para brindarle un enfoque con valores y de género adecuado.

2. Si tienes pareja, dense un espacio para hablarlo y compartir la visión que ambos tienen. Sobre lo que tu hijo observó, reflexionen los siguientes puntos; ¿Hubo sexo explícito? ¿Violencia? ¿Actividad sexual con coerción o abuso? ¿Entró algún sitio en donde pudiera contactar a un extraño? Una vez que tengan los puntos más importantes a comentar con tu hijo, es momento de hablar con él. En caso de tener diferencias en el abordaje, consulten a un especialista. Es común que puedan tener una visión o vivencia distinta sobre la pornografía, pero tendrán que estar de acuerdo sobre los mensajes que quieran enviar al menor.

Cómo hablar con tu hijo

Busca un espacio privado, sin interrupciones y donde puedan estar a solas. Te recomendamos que en el momento de hablar con tu hijo, hagas preguntas que lo inviten a la reflexión, preguntas abiertas que lo lleven a responder en base a su propia vivencia. No pongas palabras en su boca. Puede ser que algo de lo que vio, a ti te llamara la atención y él ni siquiera lo hubiera registrado. Por ejemplo, tuvimos a una niña de 12 años en asesoría, que describió la siguiente escena pornográfica: "Había una mujer desnuda en la calle y se recargó en una escalera de incendios, el hombre se le acercó por la espalda y empezaron a tener sexo". Al preguntarle qué fue lo que le llamó la atención de esta escena, su repuesta fue: "¿Qué hacía una mujer desnuda en la calle?" Al escuchar la descripción que brindó la niña es probable que hayas intuido que se trató de una penetración anal, cuando ella ni siquiera registró esa posibilidad pues no tenía cabida en su mente. A eso nos referimos cuando decimos que no hay que anticiparnos, pues podemos caer en tratar de dar un significado a lo que nuestro hijo vio con nuestra visión de adultos que sólo empeore la situación y que haga que cosas de las que no se percató cobren importancia. Tu postura debe ser de total escucha, para explorar cómo y en qué impactaron a tu hijo las imágenes que observó.

Algunas frases o preguntas que te pueden ayudar a explorar son:

- "Me he dado cuenta que has visto pornografía, platícame".
- "¿Cómo la encontraste?"
- "¿Qué te hizo buscarla?"

- "¿Es la primera vez que la veías? De no ser la primera vez, ¿la has visto con alguien más?"
- "¿De todo lo que viste tienes alguna pregunta o algo que te inquiete?"
- "¿Qué piensas de lo que viste?" En este momento de la plática no preguntes qué sintió con lo que vio. Es obvio que pudo haber sentido excitación, además de otros sentimientos como asco, curiosidad, vergüenza, asombro. A estas alturas de la plática esta pregunta lo inhibiría.

Algunos puntos que te pueden ayudar a responder asertivamente:

1. Sé empático, aclárale que todos en algún momento podemos tomar decisiones equivocadas, lo importante es aprender de ellas. Esto no lo convierte en una mala persona.
2. Aborda los puntos que reflexionaste con tu pareja, sólo los que coinciden con la angustia de tu hijo. Esto no significa discutir la práctica sexual sino el discurso que hay detrás de ella, como discriminación, violencia, falta de compromiso o entrar en contacto con una persona desconocida en la red. Por ejemplo, el papá de un niño que había visto escenas pornográficas sadomasoquistas, nos

comentó cómo complicó la situación cuando trató de explicarle las prácticas que había visto en concreto: "Me trabé cuando tuve que explicarle por qué había un látigo, vi su mirada y entendí que estaba confundiéndolo más". Lo importante hubiera sido hablar sobre el consentimiento mutuo, sobre la violencia que el niño percibió que se ejercía contra la mujer en esas escenas. Hacerle preguntas para reflexionar como: ¿Qué piensas de eso? Observaste amor o ternura en lo que viste? ¿Qué trato recibía la mujer? ¿Utilizaron protección? Etcétera.

3. Agrega tus valores personales como lo que significa el amor, la intimidad, la comunicación, el respeto, la corresponsabilidad y el mutuo acuerdo entre la pareja.

4. A los niños mayores de 10 años es importante informarles que el objetivo de la pornografía es excitar a la persona que la ve, independientemente de las imágenes que aparezcan. Se le puede comparar con otros géneros de películas, como la comedia, en las que el objetivo es hacer que la persona que la vea se divierta, independientemente de lo que reflejen las escenas. Puede ser que tu hijo haya sentido excitación al ver escenas con contenido sexual y esto lo tenga confundido, saber que esta reacción es

la esperable, lo puede tranquilizar. Sin embargo, no trates de que te describa esa sensación. Se trata de que pueda comprender que si lo vivió es normal.

5. Trata de ser cálido y cercano ¡Él es el que la está pasando peor!

6. Es importante que esta conversación sea breve y concisa, con mensajes claros y cortos.

7. Si bien te recomendamos que trates de ser empático, es fundamental que no lo confundas hablándole de tu vida sexual o tu experiencia con la pornografía.

Juntos lo podemos superar

A veces, hay imágenes tan duras en la pornografía que hasta para un adulto resulta difícil quitárselas de la cabeza. Para un niño es aún más difícil ya que no tiene ni la experiencia ni la madurez para poder integrar lo que vio. Por lo tanto, es importante considerar:

1. El primero que lo tiene que superar eres tú. El estar preguntándole constantemente sobre lo que vio o si ha estado viendo más imágenes, habla de tu propia

angustia y eso no le permite a tu hijo dejarlo atrás.

2. Dale tiempo para hablar. Puede pasarte que si guardas silencio y están a solas, él aproveche ese espacio para poder hacerte preguntas nuevamente sobre lo que vio y lo que sigue rondando en su cabeza. Este es el momento perfecto para ayudarlo a acomodar esas imágenes, dándole puntos de realidad y tu propia postura y valores. Pero recuerda, sin juzgarlo, sin culparlo y sin recriminarlo.

3. Dale puntos de realidad. Hay mensajes que debes de mandar, como por ejemplo:

- Sólo los adultos tienen relaciones sexuales.
- Las relaciones sexuales siempre se deben de dar de mutuo acuerdo.
- En una relación de pareja no se debe causar daño ni debe de haber violencia.
- Lo ideal en las relaciones de pareja es que exista amor, responsabilidad y compromiso.
- Cuando las personas adultas se aman o atraen deciden la manera en que quieren compartir su cuerpo.
- La pornografía está diseñada para generar excitación en quien la mira.

Así como las películas de suspenso causan miedo o las de comedia generan risa.

- Se pueden sentir varias sensaciones en el cuerpo; algunas de ellas pueden ser contradictorias. Como miedo y excitación al mismo tiempo, asco y curiosidad, culpa y necesidad de hablar; "para eso estoy yo si me necesitas".

- Las personas que salen en la pornografía son actores, todo lo que sucede es una actuación y están en un set. En este sentido, te puede ayudar compararlo con una película de terror. Por ejemplo, en las películas de terror existe maquillaje, sangre artificial y un sin fin de efectos especiales para lograr que te de miedo lo que le sucederá a los personajes. En las películas pornográficas también, hay efectos especiales y se les pide que actúen con la finalidad de generar excitación en quién las ve.

- Ninguna persona debe compartir pornografía con alguien significativamente menor o mayor que él.

- Nadie puede obligarte a observar pornografía.

FRASES QUE AYUDAN	FRASES QUE DAÑAN
"A tu edad, lo que viste puede parecerte desagradable. Lo que se vive en una relación sexual es una decisión personal y de pareja".	"Eso que viste es asqueroso, sólo lo hacen las prostitutas". "Se necesita estar enfermo para hacer o ver eso".
"Los adultos pueden decidir si verla o no".	"Yo también veo pornografía, ya te gustará cuando crezcas". "Cómo vas a aprender del sexo si no ves pornografía". "Todos en algún momento de la vida la ven, no te preocupes". "Si quieres volver a verla, sólo dime, prefiero que la veamos juntos a que la veas a escondidas".
"Cuando se ve este tipo de material causa muchas sensaciones en el cuerpo".	"¿Te excitaste, qué sentiste?" "¿Qué hiciste cuando te excitaste?"

Que tu charla sea breve. Una vez que ya escuchaste las inquietudes de tu hijo y le diste los mensajes oportunos, permite el cambio de tema. Esto lo invitará a saber que tiene la puerta abierta para futuras dudas y que el asunto se puede dejar atrás hablando de otras cosas.

Ayúdalo a dejarlo atrás

Si en la mente de tu hijo siguen rondando las imágenes al pasar los días, puedes hacer una actividad sencilla, pero eficaz. Tómate un tiempo con él a solas, y pídele que dibuje o escriba en una hoja todo aquello que le genere angustia o desagrado de lo que vio. Después de eso, afírmale que es una manera de dejarlo fuera de su mente; pregúntale qué quiere hacer con eso que dibujó o escribió (lo puede romper, arrugar, rayar, puede tener otras ideas, está bien lo que decida; excepto guardarlo). Posteriormente, en una nueva hoja, que dibuje o escriba lo que sí le corresponde vivir a la edad que tiene. Ayúdalo a complementarlo con valores como respeto, compromiso, amor, comunicación; es una gran oportunidad para compartir tus valores familiares. Por último, puede pegarlo en su pared o dejarlo en el lugar que él elija.

Cuando hay otros niños involucrados, ¿debo hablar con sus papás?

Es difícil y vergonzoso hablar de estos temas con otros adultos, y mucho más cuando sus hijos están involucrados. Puedes enfrentarte a la negación, al enojo o a que culpen y responsabilicen a tu hijo; sin embargo, es importante tomar en cuenta que es un excelente momento para hacer un frente común como adultos y poder frenar esta conducta que tiende a propagarse. Si actuamos en equipo, estableciendo los mismos límites dejaremos menos espacios libres para que esta conducta continúe y, por otro lado, ayudaremos a los que lo están viviendo o ya tienen una adicción. Recuerda que dependiendo de la manera como lo abordes recibirás una respuesta distinta en el otro, por ejemplo, algo asertivo sería: "Por el cariño que le tenemos a tu hijo y buscando su bienestar, tengo que decirte que..." "A mí me hubiera gustado que tú me informaras de lo que está viendo mi hijo, eso demostraría el cuidado y cariño que le tienes..." "Esto es difícil para ambos, pero hoy nos toca apoyar a nuestros hijos y solucionar el problema..."

Frases que posiblemente pondrían a los otros papás a la defensiva serían: "¿En dónde están, qué clase de papás son que no se dan cuenta de lo que está viendo su hijo...?" "Tu hijo le quitó la inocencia al mío..." "Mi hijo no es culpable, fue tu hijo el que lo pervirtió." Es importante que si decidiste hablar sobre el tema, sea sólo con los padres del menor involucrado, o si es el caso, con el director o psicólogo de la escuela. No hables con otros papás sobre esto, eso lo convierte en un chisme que va a etiquetar y a dañar la imagen de los menores y su posibilidad de dejarlo atrás.

Los niños que han observado pornografía, no son malos. Sólo se encontraron con material inadecuado. Es muy doloroso cuando los padres de familia toman la posición de discriminar o excluir a los otros sin entender realmente la dimensión del problema: "No te juntes con ese niño. Es un niño pervertido." Estas son frases que no ayudan, sólo complican más la situación. Muestran su poca solidaridad y gran capacidad de discriminar.

Buscando ayuda

El primer síntoma que te avisa si hay que recibir ayuda profesional es tu propia angustia. Si te sientes desbordado, si estás actuando con enojo o te sientes confundido, es el momento de pedir asesoría externa que te de una ruta de acción y te acompañe en el proceso. No tienes que hacerlo solo. También, cuando después de haber hablado con tu hijo sigue presentado síntomas de ansiedad de manera constante e intensa, debes pedir ayuda para que pueda superarlo. Sobra decir, que si tu hijo presenta los síntomas de adicción es imprescindible que pidas ayuda profesional. También si tu hijo se niega a hablar contigo sobre el tema, ofrécele un espacio libre de conflicto y en donde él se sienta en confianza para poder hablar sobre lo sucedido, eso le ayudará.

Viviendo la pornografía

❦

En las últimas décadas, la pornografía se ha vuelto cada vez más presente en la vida cotidiana, ha trastocado desde las imágenes que encontramos en anuncios, espectaculares y programas, hasta los contenidos en la red e incluso, en la forma de relacionarnos con los otros. La pornografía ha tomado espacios en la vivencia erótica y cotidiana de una manera tan rápida que nos ha llevado a formas cada vez más transgresoras en la exposición de la intimidad. Incluso, hoy se encuentra ligada con la violencia, que en sí misma se ha vuelto un divertimento. Jugar videojuegos o buscar en la red sitios o blogs para observar contenidos fuertes que conlleven mutilaciones, sangre, sufrimiento, muerte, violencia extrema y sadismo —a veces incluso ligadas a imágenes sexuales—, se ha convertido en una forma de búsqueda de placer y adrenalina, una manera más de excitar al cuerpo. Algunos de estos sitios presentan personajes ficticios o de animación;

algunos otros utilizan a personas reales. Cabe mencionar que, independientemente de que los primeros tengan consecuencias en quien las observa, los últimos implican el sufrimiento de otros, son ilegales, y no deberían ser adquiridas por persona alguna, aunque sean adultos.

Violencia y pornografía en los videojuegos

Algunas veces nos han preguntado, ¿por qué educadoras sexuales como ustedes tocan el tema de los videojuegos con los niños; qué tiene que ver eso con sexualidad? Hemos de confesar que nosotras tampoco nos veíamos trabajando con este tema hasta el día en que entramos a un salón de clases y escuchamos la plática entre dos niños de 9 años de edad en donde uno le preguntaba al otro:

—¿Fuiste al table ayer? Yo sí, y pedí un privado.
—¿Te llevaste una prostituta?
—Si, dos veces.
—¿Dos? Te salió caro.
—No, porque después las maté.

La misma cara que seguramente estás poniendo tú al leer esto, pusimos nosotras al escucharlo. Esto nos llevó a abrir la puerta a un mundo del que no teníamos ni idea que existía y que hemos descubierto que muchos padres tampoco conocen. Esto está relacionado con el mundo de los videojuegos que hoy tienen los niños en sus casas.

Los videojuegos han ido evolucionando a lo largo de la historia, desde sus comienzos después de la segunda guerra mundial, hasta nuestros días. No sólo en la tecnología, generando cada vez animaciones más realistas y cuasi humanas, sino también en sus contenidos, cada uno más transgresor que el anterior. De los salones de juegos hasta las consolas personales; de la segunda a la tercera dimensión; desde observar a personajes actuar, hasta ser tú el personaje que decide qué hacer en el juego; desde el golpe hasta la mutilación y la muerte.

Las últimas generaciones han tenido la oportunidad de desarrollar habilidades y destrezas maravillosas gracias a la presencia de los videojuegos. Éstos les han permitido potenciar su coordinación óculo-manual, decodificar símbolos, resolver problemas y acertijos, aumentar su capacidad de atención y concentración y trabajar con su tolerancia a la frustración. Por algo algunos decimos que estas generaciones traen incluido un "chip" diferente. Los videojuegos son tan importantes en su vida que les dan reconocimiento social por parte de su grupo de amigos. No sólo eso, la realidad es que la experiencia que conlleva un videojuego es magnífica ya que nos lleva a otros mundos y realidades diferentes; mundos donde puedes ser el protagonista de una realidad alterna y donde si te equivocas puedes volver a empezar. Ahora, no sólo eso se puede hacer, sino que puedes jugar en línea con una o varias personas que estén al otro lado del mundo y comunicarte a través del lenguaje común que brinda el juego.

Existen en el mercado numerosos juegos acordes con la edad de los niños. Sin embargo, hay otros que hoy están jugando, clasificados para adultos, que tienen un alto contenido de violencia y/o sexual. Otros más, están enfocados a generar terror psicológico estableciendo situaciones de sobrevivencia. Esto conlleva muchas consecuencias en los niños que los juegan, como pesadillas, paranoia, incapacidad de manejar sus impulsos e hipervigilancia (estar siempre al pendiente del peligro).

Sería maravilloso que el entrar en contacto con estos tipos de videojuegos se quedara sólo en la experiencia del juego, pero no es así. Hoy sabemos que impacta a nivel bioquímico cerebral y conductual. No quiere decir que exista una relación directa entre jugar a matar y salir a matar en la vida real. Sin embargo, tiene efectos en los niños como el impacto en su autocontrol y el que generen una conducta más agresiva, impulsiva y poco empática; los predispone a normalizar la violencia y a internalizar modelos sociales violentos; les genera un estado crónico de estrés y algunos estudios preliminares han observado que puede generar daños temporales del lóbulo prefrontal y frontal similares a los que tienen adolescentes con trastornos sociopáticos. Además de que también pueden generar adicción.

Las siguientes frases ilustrarán perfectamente lo que tratamos de decirte. Son comentarios de niños de primaria sobre uno de los juegos más populares que hoy se encuentran en el mercado: "La historia es fenomenal, son historias muy maduras, En el juego encuentras a tu esposa con el profesor de tenís y se avienta por la ventana y tú también. Puedes ir a los clubes de estriptis, o meterte con una prostituta, pero no es a la fuerza. Está padre el juego, puedes matar gente y todo. Te da sentido común porque si te drogas o emborrachas en el juego vas chocando con todo. A las misiones y las matanzas, aunque sean algo malo, les puedes ver algo positivo. La tortura tiene una razón de ser. La violencia se queda en el juego, no lo llevas a la vida real, somos maduros y podemos ver la diferencia. Es tu coche y haces con él lo que quieras, hasta matar a alguien y huir de la policía. No sale sexo explícito, sólo tienes relaciones o sexo oral en el coche con una prostituta y hasta la puedes matar para que no te quite tu dinero. Yo te prometo que por matar en un juego no voy a ir a matar gente en la realidad, no por jugar doctor Mario me vuelvo doctor. Al principio se me hizo horrible, pero te acostumbras a lo que ves, hoy me da risa. No es algo malo, sólo juegas con prostitutas y matas gente".

Por supuesto que también hay niños que tienen reflexiones muy asertivas, como: "Si juegas con violencia te vas creyendo que así se resuelven las cosas. Tengo un primo que juega mucho ese juego, siempre responde con insultos y golpes, a cualquier cosa. Si ves violencia y juegas con ella también actúas la violencia en la vida cotidiana y te diviertes cuando alguien siente dolor. En una fiesta que fuimos se empezaron a pelear a golpes y en vez de detenerlos todos sacaron su Iphone y los grabaron como si fuera un show o una de las escenas que pasan en los videojuegos, yo creo que es porque nos acostumbramos a la violencia y ya pensamos que es divertido. Si este juego es para mayores de 17, ¿por qué lo tienes, dónde están tus papás? Tú eres conciente de ti y sabes que es para más de 17, no deberías jugarlo. La edad para jugarlo es la edad que dice la caja del juego". Cuán sabios son estos niños que finalmente plantean el punto medular, ¿qué hacen estos juegos de adultos en manos de niños? En una sociedad como la nuestra que vive con violencia, somos corresponsables de ella y parte de nuestra responsabilidad es fomentar que los niños la cuestionen, no que se diviertan y se acostumbren a ella.

Algunas estrategias frente a los videojuegos:

* Revisa la clasificación de los videojuegos que tiene tu hijo y explícale por qué debe jugar los que le corresponden por edad. Tarea nada fácil ya que te brindará muchos argumentos para convencerte: "No pasa nada. Mi amigo lo juega desde los 6 años y es normal. Yo sé perfecto que no es real, no voy a salir a matar a nadie. Claro que puedo jugar eso, no me meto al table ni me voy con prostitutas". Lo importante es que tu hijo comprenda que independientemente de los contenidos de sexo y/o violencia, los videojuegos están diseñados con diferentes niveles de complejidad de acuerdo con la edad que se establece en su clasificación; es decir, si es un juego en el que se requiere de diferentes estrategias, será adecuado para aquel niño que ya tenga el desarrollo cognitivo y motor para resolverlo. Si no lo tiene, sólo le generará ansiedad y frustración, lejos de ser un reto y diversión. Por eso vemos a tantos niños enojados después de jugar durante horas. Además, ¿por qué permitirle a tu hijo que se adelante en lo que no le corresponde? Es iluso pensar que tu hijo pueda jugar cosas que son para personas más grandes y no vaya a tener prisa por crecer y

vivir situaciones de vida como alcohol o relaciones sexuales más tempranamente. Si se adelanta en unas áreas de su vida, también lo hará en otras. ¿Por qué mandarle el mensaje de que puede trasgredir las reglas y luego pretender que las respete? Y más aún, ¿por qué permitirle hacer algo ilegal y entrar al mundo del adulto? A veces como padres somos incongruentes, ya que por un lado pretendemos que aprendan a postergar y tomar decisiones asertivas apegadas a la ley, como no beber si no es adulto, no falsificar una identificación que acredite su mayoría de edad para entrar a un antro; y por otro lado, les enseñamos a mentir para pertenecer a una red social o les regalamos juegos para mayores de edad. ¿Por qué nos dará tanto miedo mandar el mensaje de "todo a su tiempo"? Posiblemente se enoje, pero no se adelantará para aquello que no está listo. Como decía una niña: "Es como si te dieran coche a los 11 años, seguro chocas".

- Limita el tiempo de exposición de juego.
- Que haya un tiempo o actividad entre jugar y dormir para que el cerebro pueda descansar.
- Siéntate a jugar videojuegos con tu hijo.
- Planea actividades extraescolares atractivas para que tenga otras experiencias.

- Saca las tecnologías de su habitación por las noches.

Impacto de la pornografía en las vivencias eróticas de los adolescentes: sexting y chats

Así como está el mundo de los videojuegos, existen otras experiencias en la vida, sobre todo de los adolescentes, que han sido impactadas de manera tangencial, por la pornografía. Las parejas actuales tienen un elemento más para expresar su erotismo: Puede ser que él le pida a ella que le envíe una foto de sí misma posando de forma provocativa, con poca ropa o desnuda, que ella le envíe una imagen y él espere el mensaje viviendo excitación desde antes de recibirla. A esto se le llama *sexting*, y se puede ligar con lo comentado anteriormente sobre la pornografía amateur. La Alianza por la Seguridad en Internet (ASI) dice que el 8% de los jóvenes mexicanos de entre 12 y 16 años y el 20% de los de 17 a 20 años han enviados este tipo de imágenes. El 90% han sido mujeres; las razones que dan para haberlo hecho son, "estaba enamorada", "confié en él", "me lo pidió tanto que me dejé llevar", "todo el mundo lo hace", "le mandé la primera y me dijo que si no le mandaba una totalmente desnuda le iba mandar la anterior a todos", "pensé que ya estaba lista para hacerlo".

Poco se ha investigado sobre por qué la pareja, generalmente el hombre, suele pedir que se le envíen este tipo de fotos. En nuestra experiencia, existe una relación evidente entre dos aspectos fundamentales. El primero, que los hombres que tienen mayor contacto con la pornografía tienden a pedir este tipo de material, para reproducir su experiencia pornográfica con la pareja. El segundo, la impunidad; comunidades en donde no se pone un alto a este tipo de conductas, generan la sensación en ellos de que todo el mundo lo hace y que es un asunto de adolescentes. Pareciera que ésta es la nueva forma de dar un paso más en la relación que a veces los jóvenes consideran de poco riesgo pues no hay contacto físico de por medio; también porque sienten que es un evento que ocurre en privado y así permanecerá.

El problema es cuando este tipo de material se sale del control de los protagonistas y se difunde entre diferentes personas. Esto ocurre frecuentemente en los adolescentes pues sus relaciones tienden a durar poco y cuando terminan se puede usar este material como una forma de venganza. También porque existe una realidad innegable: se pierde el control de todo el material que se sube a la red. Contrario a lo que piensan los adolescentes que utilizan las redes, según *McAfee* —compañía de software relacionada con la seguridad informática, con sede en Santa Clara, California, EU—, el 86% de los menores sostiene que Internet es seguro, por lo que no cuida qué sube a las redes sociales.

Las consecuencias sociales del *sexting* son obvias: "Quedas como zorra. Llegas a la escuela y ya no te ven igual. Te acosan. Hasta te tendrías que cambiar de escuela. Tus papás se enteran y te va muy mal. Puede ser que acabe tu foto en páginas pornográficas. Las mujeres ven al hombre que pide la foto como un patán, pero los demás como un campeón". Sin embargo, muchos desconocen las consecuencias legales de esta conducta. Hoy se considera el *sexting* como un delito de creación y/o distribución de pornografía infantil, perseguido por la ley. No sólo hay una consecuencia para quien decidió distribuir a otros las imágenes, sino para todo aquel que la recibe y a su vez la reenvía. A pesar de esto, casi un 40% de los jóvenes entre 12 y 16 años conoce a alguien que ha hecho o recibido *sexting*.

Si bien el *sexting* nos plantea nuevos retos educativos, sociales y legales, hay otros espacios en la red que reflejan la transgresión que plantea la pornografía. Nos referimos a chats o redes sociales en donde los pubertos, adolescentes y adultos pueden entrar en contacto con personas desconocidas para tener un encuentro sexual. La asociación mexicana Alianza por la seguridad de Internet (ASI), en una investigación con 10 mil estudiantes de primaria y secundaria encontró que el 12% de ellos habla de sexo con desconocidos en la red e incluso se ha enamorado de algunos. De nuestras últimas experiencias, trabajando con adolescentes de 13 a 15 años de edad, nos sorprendió mucho escuchar que entraban continuamente a este tipo de espacios en la red. Los relatos que nos platicaron son los siguientes: "Nos juntamos en casa de uno de nosotros para entrar juntos, lo emocionante es que puede salir de todo, nunca sabes con qué te vas a encontrar. Una vez nos salió un chavo de Nueva York que sólo quería saber cómo se hacen los burritos y entre todos le explicamos. Sí, pero a mí me apareció una mujer haciéndoselo. A veces te salen cosas tan grotescas que quieres dejar el Internet por semanas. Pero es muy divertido. Y no tiene riesgo. Porque no los contactas de verdad. Si te quieren hacer algo pues sólo te desconectas. Y además es con cámara, entonces sólo les ves la cara y ya sabes si son buenas personas o no. Sí, pero a veces te pide que te quites la ropa, o se la quita él y te enseña su pene y hasta se masturba. Yo un día le pedí a uno que se veía de nuestra edad su WhatsApp y me lo dio el tarado. Cuando estábamos entrando con mis amigas, le hicimos creer a un tipo como de 40 que teníamos 16 y nos pidió tener sexo".

El reto que enfrentamos es enorme, ¿cómo convences a un niño o adolescente de que se está poniendo en riesgo? Sobre todo cuando existen elementos tan fuertes que lo atan a la experiencia, como ser parte de un grupo, la necesidad de pertenencia, la adrenalina de no saber qué va a ocurrir, el grado de impulsividad que caracteriza esta etapa de la vida, el sentirse invulnerables o la excitación. Aunado a esto, la despersonalización que genera el Internet, pues ves al otro a través de una pantalla y esto diluye la sensación de realidad, pues es vista a través de un aparato que se apaga con la fantasía de que hasta ahí llega la experiencia vivida, sin trascendencia en lo cotidiano.

Desgraciadamente, hay adultos que se aprovechan de estos espacios, se comunican con niños y adolescentes a través de diferentes redes utilizando la seducción y la empatía con el fin de conseguir fotos, videos con contenido sexual o entrar en contacto físico con ellos. A esto se le conoce con el nombre de *Grooming*. Esto ocurre mientras los padres no permanecen cerca. Según *McAfee*, sólo el 16% de los padres de menores de edad tienen control parental en la WEB. El 47% de ellos considera que la tecnología los rebasa por lo que sólo puede esperar que sus hijos sepan lo que hacen. Las estadísticas nos dicen que en realidad no se protegen. Según la Secretaría de Seguridad Pública del gobierno federal (SSP), uno de cada cinco niños es contactado por un pederasta que se hace pasar por un menor.

Concluyendo, es importante reflexionar sobre los mensajes que deberían recibir hoy nuestros adolescentes.

- El *sexting* es enviar fotos, videos, o mensajes con contenido erótico sexual a través de las nuevas tecnologías.
- Dejas de tener el control de tus fotos, videos o mensajes cuando los subes a la red.
- Crear, distribuir o almacenar este tipo de fotos y videos es un delito, se considera pornografía infantil.
- Aunque borres de tu computadora y de otros dispositivos lo que subiste a la red, la ciberpolicía lo puede rastrear.
- Las redes sociales no son un espacio privado, sino público. Sólo se debe subir a la red aquello que no tendrías problema en que todos vieran.
- Es tu responsabilidad darle un uso ético a las redes sociales.

Creando alianzas

❧

El Internet se consolida como un mundo alternativo al nuestro que representa la posibilidad de contactar con otros, tener información que antes era impensable adquirir, viajar por mundos insospechados. Esta realidad alterna es parte de la vida de las niñas, niños y adolescentes. Se convierte en su patio de juego, su club social, el camino a mundos nuevos, pero es también, como el mundo mismo, una ventana a lo que, como sociedad no hemos resuelto.

Es un reto muy grande, pero no imposible de enfrentar. Tenemos la responsabilidad de generar un frente común para defender los derechos de los que apenas inician su camino, generar redes y alianzas que nos permitan mundos cibernéticos y reales más justos y equitativos. Son muchos los esfuerzos que se suman hoy a esta causa. Existen programas a nivel internacional a los que podemos recurrir, que nos brindan desde dispositivos para bloquear el acceso de diferentes páginas o rubros como sexo, pornografía, violencia, entre otras; hasta información muy valiosa con estrategias claras para acompañar y educar a niños y jóvenes en su camino a ser autónomos en la red.

México no se queda atrás, aunque falta mucho por hacer, existe un esfuerzo gubernamental para la prevención del delito en la red, la lucha contra la trata de personas, prevención de diferentes delitos y la educación al respecto. Estos esfuerzos se suman a los de la sociedad civil organizada. Las referencias que compartimos son sólo algunas de las que hoy existen. Confiamos en que el día de mañana serán más y más.

1. Alianza por la Seguridad en Internet. http://asi-mexico.org/sitio/?cuerpo=interiores/escuelas.

    Portal en que se pueden denunciar páginas con contenido ilegal, inapropiado o fraudulento que afecte a los usuarios de Internet en México. También brinda información y estrategias para navegar seguro. Tiene un apartado de referencia de sitios académicos recomendados para menores de edad que son seguros. Brindan servicio educativos y prevención a escuelas.

2. Asesoría Educativa y Prevención, (ATI). www.sexualidadati.com

Institución dedicada a la educación en sexualidad humana y la prevención de cualquier tipo de abuso. Trabaja con niños de 4 años hasta adolescentes. Brinda talleres y capacitación a padres de familia e instituciones educativas para que acompañen a los menores en un desarrollo sano de la sexualidad. Realizan investigación sobre diferentes temas de sexualidad, entre ellos la relación de los menores con las nuevas tecnologías.

3. Proyecto Carmela. http://www.proyecto carmela.com/proyectocarmela

Es una iniciativa de la sociedad civil mexicana que realiza investigación que permita generar soluciones para proteger a las personas en su experiencia en Internet. Su alcance puede ser a nivel institución educativa para poder bloquear aquellas páginas que no sean adecuadas ya sea por su contenido violento y/o sexual o a un hogar en específico. Genera también mecanismos de prevención y educación para los usuarios.

4. Unidad de policía de ciberdelincuencia preventiva. En México contamos con una unidad policiaca que está enfocada fundamentalmente a combatir los

delitos cometidos en Internet. Se dedica al monitoreo permanente en la red para prevenir delitos como fraudes, piratería, extorsión, pornografía infantil, trata de personas y ciberbullying. Su misión es proteger en especial a niños y adolescentes. Imparten conferencias en escuelas, empresas y medios masivos de comunicación. Brindan también asesoría en el caso de que se presente situaciones como sexting o extorsión.

5. CNDH/México, programa contra la trata de personas, http://www.cndh.org.mx/Programa_Contra_Trata_Personas

    Portal de la Comisión Nacional de Derechos Humanos que ofrece información de la situación en México, brinda asistencia jurídica y tramita quejas sobre las violaciones a los derechos humanos.

6. Pantallas amigas. http://www.pantallasamigas.net.

    Es una asociación española que brinda diferentes artículos sobre temas de actualidad como sexting, grooming, redes sociales, entre otras. También hay venta de material educativo.

7. Family Online Safty Institute. https://www.fosi.org.

    Es una organización norteamericana y europea que brinda datos actualizados para hacer del Internet un lugar seguro. Proporciona datos a nivel internacional.

8. I Safe. http://isafe.org/wp/.

Organización norteamericana con fines educativos para promover la navegación segura en los niños y adolescentes. Su misión es educar para evitar conductas inadecuadas o riesgosas.

9. Red Natic.org. http://rednatic.org

Organización de América Latina por el derecho de los niños y adolescentes a un uso seguro del Internet.

10. ADITEC. Evaluación y Prevención de la Adicción a Internet, Móvil y http://web.teaediciones.com/ADITEC-Evaluacion-y-Prevencion-de-la-Adiccion-a-Internet-Movil-y-Videojuegos.aspx

Es un programa para la evaluación y la prevención de las adicciones tecnológicas en adolescentes. En concreto, permite la evaluación del nivel de dependencia de los adolescentes al móvil, Internet o los videojuegos mediante tres cuestionarios. Incluye también un programa de prevención de las adicciones tecnológicas para su uso individual o contextos escolares. Este programa se compone de tres bloques: Internet, móvil y videojuegos. AdiTec forma parte de TEA Ediciones, empresa española dedicada a la elaboración de test y pruebas de evaluación psicológicas.

Un último comentario

⸺

Hemos analizado a la pornografía desde diferentes perspectivas, tratando de darle una justa dimensión a un tema tan complejo. La intención del presente libro no es satanizarla ni invitar a la posibilidad de censurarla. Como hemos visto, en el mundo adulto cada quien tienen la posibilidad de elegir la relación que quiera establecer con ella, desde sus valores, ideología, necesidades y fantasías, siempre y cuando no se incurra en actividades ilícitas o que impliquen el sufrimiento de un tercero. Lo cierto es que censurar la pornografía es una tarea inútil que no aportaría nada a la educación ni a la prevención, pues es sólo un escaparate de la sociedad que somos. El cuestionamiento que ponemos sobre la mesa es qué hace ese mundo adulto diverso, con sus fantasías y perversiones, en la vida de un niño, afectando su posibilidad de ir creando una visión adecuada de la sexualidad, acorde con su edad.

Tampoco es intención del presente texto, evitar que los niños aprendan a convivir y usar las nuevas tecnologías perdiéndose de la gran riqueza que pueden aportar a sus vidas. Encerrarlos en una burbuja de cristal sólo les quita la posibilidad de aprender a tomar decisiones asertivas para lidiar con este nuevo universo.

Nuestro propósito es intentar que los padres de familia se adentren en lo que ocurre en la red, acompañen a sus hijos a viajar por ella de manera segura y acorde con su edad, brindándole estrategias para estar a salvo aun cuando ellos no se encuentren presentes y que puedan generar conciencia en su vida y en la de los menores para contribuir a un uso ético del universo que hoy es Internet.

Glosario de términos y definiciones

༄

Anilingus. Práctica sexual en donde se da el contacto entre boca y ano.

BDSM. Término creado para abarcar un grupo de prácticas y fantasías eróticas. Se trata de una sigla formada con las iniciales de las siguientes palabras: *bondage*; disciplina y dominación; sumisión y sadismo; masoquismo. Abarca, por tanto, una serie de prácticas y aficiones sexuales relacionadas entre sí y vinculadas a lo que se denomina sexualidades no convencionales o alternativas. Como práctica erótica el BDSM se apoya siempre en el consenso de los participantes y se distingue radicalmente del sadismo criminal.

Bondage. Denominación aplicada a los encordamientos eróticos ejecutados sobre una persona vestida o desnuda. Los atamientos pueden hacerse sobre una parte o sobre la totalidad del cuerpo, utilizando generalmente cuerdas, aunque también se puede ver en muchas ocasiones el uso de cinta, telas, cadenas, esposas, y cualquier otra cosa que pueda servir para inmovilizar a una persona. Con cierta frecuencia, a la persona se le aplica una mordaza o venda en los ojos.

Chatroulette/Chat Omegle. Sitios de video chat para conocer gente de forma aleatoria alrededor del mundo. Se puede tener un encuentro sexual.

Cybersexo. Cuando dos o más personas tienen sexo virtual, a través de las nuevas tecnologías.

Consolador. Juguete sexual con un eje flexible y suave, también conocido como dildo. A menudo, tiene una base más ancha. Un consolador no tiene ningún tipo de motor que le haga vibrar por sí mismo. Las formas y los colores varían pero tiene una clara forma fálica.

Cougar. Expresión del argot inglés para definir a las mujeres que buscan una pareja más joven, entre 20 y 30 años de edad. En el uso normal lingüístico significa puma. Se establece un paralelismo con el mundo animal, es decir, con la "caza" de hombres más jóvenes por parte de estas mujeres.

Cunnilingus. Del latín *cunnus*: "cuña" o "vulva", y *lingus*: "lengua". Práctica de sexo oral de contacto entre la boca y la vulva.

Expansor anal. Instrumento cuya función es el dilatar o expandir las paredes del recto.

Felación. Del latín *fellatio*, de *fellare*, 'chupar'. Es una práctica de sexo oral que consiste en estimular el pene con la boca.

Fisting. Término en inglés con el que se designa un acto sexual consistente en la introducción parcial o total de la mano en el ano o la vagina de la pareja.

Grooming. Conductas y acciones deliberadamente emprendidas por un adulto para ganarse la confianza de un menor con el fin de poder abusar sexualmente de él o utilizarlo para prostitución o pornografía.

GTA5. Siglas del videojuego llamado Grand Theft Auto en su versión número 5. Videojuego de clasificación "M", para mayores de 17 años de edad, que tiene contenido de violencia y sexo con animación realista.

Masoquismo. Término que describe la actitud de una persona que busca el placer a través del sufrimiento psicológico en forma de humillación y/o dolor físico de otra persona. Este disfrute puede ser de naturaleza sexual y consensuada, en cuyo caso se considera una de las prácticas que se engloban bajo el acrónimo BDSM.

MILF. El acrónimo MILF, del inglés *Mom I'd Like to Fuck* —se traduce en la mayor parte de Hispanoamérica como MQMC, Mami Que Me Cogería; en España como MQMF, Madre Que Me Follaría—, hace referencia a las mujeres que a una edad madura son sexualmente

deseables. Normalmente una MILF se corresponde con cualquier mujer atractiva que,
por su edad, podría estar casada y con hijos,
típicamente entre 35 y 55 años de edad.

Parafilia. Del griego παρά, pará: 'al margen de',
y φιλία, filía: 'amor', es una conducta sexual
donde se busca una vinculación, no con una
persona adulta, sino con un objeto, animal,
o menor para obtener placer.

Pornografía amateur. Amateur es un término
tomado del francés que es generalmente
empleado al referirse a un aficionado, o a
un género de índole no profesional en algún
área de estudio o entretenimiento. El término en cuanto a pornografía se refiere a la
elaboración casera de videos con contenido
sexual de individuos comunes y corrientes,
no de modelos ni actores profesionales, que
lo suben a la red.

Pornografía *Babe*. Es un tipo de pornografía
en donde se muestran mujeres jóvenes, muchas veces simulando ser menores de edad,
actuando situaciones como pérdida de la
virginidad, relaciones insestuosas con her-
manos, padrastros o padres, abuso sexual.

Pornografía *Hardcore*. El porno duro (del inglés *hardcore porn*) es un género pornográfico en el que se muestran escenas de actos
sexuales explícitos, donde es posible ver,
generalmente con detalle, genitales, sexo
anal, sexo vaginal, felaciones, *cunnilingus*,

anilingus, *fisting*, eyaculaciones, empleo de consoladores o vibradores, etcétera. Es un género destinado exclusivamente a un público adulto.

Pornografía Hentai. Es un género de manga de contenido pornográfico, es decir dibujos ilustrados de actividades sexuales.

Pornografía suave o *Softcore*. El porno blando o porno suave (del inglés ***softcore porn***) es un género pornográfico en el que no se muestran actos sexuales explícitos ni penetración.

Pornografía *Teen*. Se refiere a la pornografía que muestra prácticas sexuales con personas menores de 20 años, muchas veces simulando ser adolescentes.

Pornografía *Tentacle*. Género erótico donde desaparecen los penes para dar paso a demonios y otros seres de fantasía armados de enormes falos y/o tentáculos que sostienen relaciones sexuales con personajes femeninos. En el caso de los falos siempre tienen movilidad elástica y metros de longitud. En el caso de los tentáculos generalmente se presentan de forma viscosa. La mayoría de las veces se trata de dibujos ilustrados. Este tipo de pornografía tiene su origen en el arte erótico japonés.

Sadismo. Es la obtención de placer al realizar actos de crueldad o dominio. Este disfrute puede ser de naturaleza sexual y consensuada, en cuyo caso se considera una de las prácticas que se engloban bajo el acrónimo BDSM.

Sexting. Mensajes o imágenes con contenido erótico que se envían a través de dispositivos móviles.

Snapchat. Aplicación movil que te permite enviar una fotografía o mensaje con la característica de que se destruye unos segundos después de haber sido vista o leída.

Vibrador. Son similares a los consoladores pero estos tienen un motor interno que les permiten realizar diferentes movimientos: vibraciones, movimientos rotatorios, etcétera. El motor interno hace que este juguete sea mucho menos flexible que los dildos.

NOAR